Osez... pimenter la sexualité de votre couple

Marc Dannam

Osez...

pimenter la sexualité de votre couple

La Musardine

dans la même collection

Osez tout savoir sur la fellation, Dino
Osez l'échangisme, Hélène Barbe
Osez faire l'amour partout sauf dans un lit, Marc Dannam
Osez les jeux érotiques, Dominique Saint-Lambert
Osez tout savoir sur le SM, Gala Fur
(Pour vous les filles) Osez les conseils d'un gay pour faire l'amour à un homme, Érik Rémès
Osez la fessée, Italo Baccardi
Osez vivre nu, Marc Dannam
Osez le bondage, Axterdam
Osez tourner votre film X, Ovidie
Osez préparer votre corps à l'amour, Italo Baccardi
Osez faire l'amour à 2, 3, 4, Marc Dannam
Osez les nouveaux jeux érotiques, Velvet et Dominique Saint-Lambert
Osez découvrir le point G, Ovidie
Osez la bisexualité, Pierre des Esseintes
Osez le Kama Sutra, Marc Dannam et Axterdam
Osez la chasse à l'homme, Jane Hunt
Osez la sodomie, Coralie Trinh Thi
Osez l'amour pendant la grossesse, Ovidie
Osez la drague et le sexe gay, Raphaël Moreno
Osez coucher pour réussir, Étienne Liebig
Osez les sextoys, Ovidie
Osez la masturbation féminine, Jane Hunt
Osez les conseils d'une experte du sexe pour rendre un homme fou de plaisir, Servane Vergy
Osez les conseils d'une lesbienne pour faire l'amour à une femme, Marie Candoe
Osez le sexe écolo, Marc Dannam
Osez le strip-tease, Violeta Carpentier
Osez les jeux de soumission et de domination, Gala Fur
Osez le cunnilingus, Corali Trinh Thi
Osez les rencontres sur Internet, Maïa Mazaurette

Illustration de couverture : Arthur de Pins
Conception graphique : Carole Peclers, Monique Plessis

122, rue du Chemin-Vert - 75011 Paris

ISBN : 978-2-84271-414-7
ISSN : 1768-496X

sommaire

du même auteur

Osez faire l'amour partout sauf dans un lit
Osez vivre nu
Osez faire l'amour à 2, 3, 4
Osez le Kama Sutra, avec Axterdam
Osez le sexe écolo
Cahier de vacances érotiques 1 et 2

Restons amants des corps à corps
Des peaux qui savent où se trouver
Laissons les cœurs qui battent encore
L'un à l'autre mêlés...
Maxime Le Forestier / Julien Clerc

Ce livre est dédié à Stéphanie – qui m'en a soufflé le titre.

vive les mariés !

C'est fait chère amie, vous avez la « bague au doigt ». Après des années de liberté sexuelle, riches en conquêtes et en nuits torrides, vous avez décidé de ne plus faire l'amour qu'avec lui, l'élu de votre cœur, votre petit mari…
Vous de même, cher lecteur, vous êtes « passé devant le maire ». Après des années de drague frénétique et de nuits débridées, vous avez décidé de ne plus faire l'amour qu'avec elle, l'élue de votre cœur, votre chère et tendre épouse…

Quoi ? Comment ? On ne vous avait rien dit ? Vous n'y aviez pas pensé ? Eh bien voilà, dans la majorité des cas, sauf accord mutuel des deux conjoints, la fidélité fait partie du contrat ! Et comme on dit aujourd'hui à propos de tout et de rien, « c'est dur à gérer » !

Ce qui était naguère la norme apparaît aujourd'hui quasiment comme une épreuve à surmonter. Ne plus faire l'amour qu'avec une seule personne, toujours la même, et ne pas s'ennuyer pour autant...
C'est uniquement de ce dernier point dont traite ce Osez, pour prouver que le mariage, loin d'être un carcan, peut devenir au contraire un espace de liberté à deux.

Car tout devrait bien se passer, puisque votre mari – ou votre femme – n'est certainement pas votre premier partenaire sexuel (comme du temps de pépé et mémé), mais bien la personne, de toute celles avec qui vous avez couché, avec qui vous préférez faire l'amour et avec qui vous êtes le mieux.

Votre « meilleur(e) partenaire » est donc la personne idéale pour devenir votre meilleur(e) complice en toutes circonstances.

l'amour « conjugal »

La sexualité épanouie au sein du mariage est bizarrement une idée très récente. Elle s'est imposée au moment où le mariage devenait, tout au plus, une simple alternative parmi d'autres pour vivre sa sexualité.
Le mariage ne garantit rien, il est au contraire le cadre parfait pour être la proie des « tue-l'amour » contre lesquels nous vous mettrons en garde, avant de vous donner quelques conseils pour rester « toujours aimable » aux yeux de votre conjoint, l'une des conditions à remplir pour vivre pleinement et durablement votre sexualité « conjugale »…
Rien que l'expression, ça fait bizarre…

1. l'amour...

« *Le mariage, c'est l'art pour deux personnes de vivre ensemble aussi heureuses qu'elles auraient vécu chacune de leur côté* », écrivait le vaudevilliste Georges Feydeau, qui passa sa vie à décrire des couples se livrant à des adultères compliqués et loufoques.

Vivre ensemble, mariés et heureux, est une gageure quand il est déjà bien difficile de vivre heureux tout seul. Le bonheur, en ces temps de crise, est un objectif de plus en plus compliqué à atteindre. Le couple apparaît comme un refuge dans un monde de moins en moins sûr, mais il ne garantit en rien le bonheur parfait... Et encore moins la certitude de vivre une sexualité épanouie.

La sexualité conjugale, une idée récente

Faire uniquement l'amour avec le même homme ou la même femme, s'épanouir sexuellement au sein d'un couple malgré le temps qui passe, voilà bien une revendication très récente dans l'histoire de la sexualité.

Nos lointains ancêtres pour la plupart n'y pensaient guère : la sexualité était présentée tout au plus comme un des à-côtés de la vie matrimoniale, uniquement destinée à la procréation. Quant au plaisir et à la « liberté sexuelle », c'était majoritairement l'affaire des hommes qui avaient tacitement le droit d'aller s'épancher en dehors du couple, le plus souvent au bordel, tandis que leurs épouses étaient condamnées à l'abstinence ou à l'insatisfaction. Par ailleurs, la ménopause sonnait l'heure de la fin des réjouissances pour la plupart des femmes, à l'âge où les quinquas occidentales se considèrent aujourd'hui au sommet de leur forme...

L'AMOUR EN PLUS

La sexualité comme lien fondant l'idée même de couple n'est pourtant pas une idée récente : les Germains, durant le haut Moyen Âge, considéraient les relations sexuelles comme un élément essentiel de l'union. Le lendemain des noces, le mari faisait une donation à sa femme (le Morgengabe) qui correspondait au prix de la virginité de l'épousée. L'acte sexuel faisait partie du contrat. La sexualité, selon la morale chrétienne qui se mettait alors lentement en place, n'était d'ailleurs licite que dans le cadre du mariage. Le père Jean Lamblot, professeur de théologie au centre universitaire catholique de Bourgogne, résume précisément les principes qui dirigèrent officiellement les consciences occidentales jusqu'au milieu du xxe siècle : « *Saint Augustin, dans le* De bono coniugali *et le* De nuptiis et concupiscenti, *construit les deux doctrines qui resteront tout le temps : celle de l'indissolubilité et de la procréation comme fin du mariage. Pour lui, le mariage est "proles" (fécondité), "fides" (fidélité), "sacramentum", (forme de sacrement et donc indissoluble). La procréation est la première fin du mariage. Dieu a institué l'union "pour engendrer, non pour pécher". La "fides" est importante d'un point de vue très pratique, elle entraîne la présomption de paternité.* » Ce qui revient à limiter le rôle de la sexualité matrimoniale à la seule procréation... mais qui surtout explique par avance la différence de traitement constatée envers l'infidélité masculine et l'infidélité féminine. Un mari infidèle ne risque pas de remettre en cause cette « présomption de paternité » – sauf dans le couple dont il séduit l'épouse, mais ça, c'est une autre histoire. Tandis que l'infidélité de l'épouse risquait de susciter des doutes sur cette sacro-sainte filiation.

Pour l'Église, la sexualité, source de plaisir au sein d'un couple marié, dut attendre le concile Vatican II et le texte de la Constitution pastorale *Gaudium et spes* en 1965 pour être admise. Ce texte général sur « l'Église dans le monde de ce temps » affirme au passage que le mariage n'a pas seulement pour fin la procréation, mais aussi l'amour et le bonheur des époux, ce qui revient implicitement à réhabiliter la sexualité matrimoniale. On a failli attendre.

MARIÉS POUR LE PLAISIR

Ce détour par l'opinion de l'Église catholique, très prégnante durant des siècles en Europe, ne doit pas faire oublier d'autres réalités plus triviales concernant la sexualité matrimoniale de nos ancêtres. L'homme et la femme ne furent quasiment jamais égaux en la matière : il fallut attendre la libération sexuelle des années 1970, parallèlement à la diffusion de la contraception, pour qu'un semblant d'égalité apparaisse... Mais il suffit de se souvenir de l'étonnement suscité par la publication de *La vie sexuelle de Catherine M.* pour admettre qu'il semble encore inopportun pour une femme de revendiquer une vie sexuelle débridée à l'image de celle des « chauds lapins », Casanova et autres Don Juan, universellement célébrés comme des héros de la gent masculine.
Au sein des couples mariés, cette différence n'en était que plus visible, en particulier dans les classes dominantes. Nous avons raconté dans un autre ouvrage de cette collection le traumatisme que vivaient autrefois les jeunes filles de bonne famille au soir de leurs noces, véritables victimes de l'ardeur sexuelle de leurs maris. Les hommes, forcément dégourdis au bordel, imposaient à leurs jeunes épouses – pour la plupart totalement ignorantes des réalités tangibles de la sexualité – des étreintes d'une telle violence que les pauvres femmes en concevaient un dégoût durable pour l'acte

sexuel. Par la suite, le jeune mari s'éloignait peu à peu du lit nuptial pour retourner aux maisons closes, qui tenaient lieu tout autant de clubs masculins que de lieux voués au défoulement sexuel.
L'ambiance était sans doute bien différente dans les milieux plus populaires. Les campagnes se révélaient plus « nature » et plus avancées en la matière. De très sérieux ethnologues ont inventoriés des traditions qui valorisaient et organisaient la sexualité prénuptiale, ce qui avait évidemment des conséquences sur la vie sexuelle des époux après leur mariage. Le « maraichinage » en Poitou-Charentes, les mariages à l'essai du Pays Basque ou la « trosse » en Savoie... toutes ces coutumes qui hérissaient les tenants de la morale bourgeoise avaient des points communs : les jeunes gens, filles et garçons sur un pied d'égalité, avaient bel et bien le droit de se livrer à des flirts « poussés », parfois dans la propre chambre de la jeune fille. En principe les caresses tolérées se limitaient à des masturbations réciproques, mais il arrivait que cette limite soit franchie, parfois avec quelques conséquences, et les familles n'y trouvaient rien à redire, car elles y voyaient la preuve de la fécondité des futurs époux. Cet apprentissage réciproque de la sexualité était une garantie du futur bonheur des époux sous l'édredon.
De même, le concubinage prénuptial en milieu ouvrier a toujours fait pousser des hauts cris à ces mêmes tenants de la morale bourgeoise, qui n'hésitaient pas à traiter les jeunes ouvrières qui « se mettaient à la colle » comme des prostituées. En particulier parce que cette situation faisaient quasiment d'elles les égales des hommes en matière de droit au plaisir.
Cette expérience de la sexualité avant le mariage avait

pour conséquence une meilleure entente du couple au lit, après le passage devant le maire.

Bizarrement, il fallut attendre l'après-guerre, une ou deux décennies à peine avant les bouleversements de 68, pour que les couples mariés, quels que soient leurs milieux sociaux, uniformisent leur comportement et leur attitude face à la sexualité. Bien des choses avaient changées : l'exode rural avaient éloigné des couples ruraux de leurs campagnes et des granges propices à leurs ébats – c'est évidemment une métaphore –, un début d'égalité était promis aux femmes par l'accès au travail ou au droit de vote, les maisons closes disparaissaient, la société tout entière s'uniformisait, le mode de vie urbain et petit-bourgeois propagé par les films et les magazines se voulait dominant... Tout comme un début de revendication pour une vie sexuelle libérée et épanouie. Les années cinquante et soixante virent naître une attitude ambivalente, mélange d'aspiration à la liberté et de frustration.
L'absence de méthodes fiables de contraception, et donc la crainte de la grossesse indésirable, l'opposition radicale de l'Église à toute forme de régulation des naissances, les balbutiements de l'éducation sexuelle, rien ne pouvaient aider les couples à s'épanouir sexuellement.
Pourtant le désir s'en faisait de plus en plus sentir tant la société se « sexualisait » au travers de la mode, du cinéma, de la littérature. L'aspiration au bonheur individuel, dont la sexualité épanouie – forcément au sein du couple – était une composante, revenait au rang des désirs légitimes, après des années de guerre et de privation. Dans son livre *Pour une histoire de l'intime,*

la sociologue Anne-Claire Rebreyend situe à l'immédiat après 68 le moment où le désir de sensualité au sein des couples devient une norme admise…

MARIÉS ET ENFIN ÉGAUX ?

… sachant qu'hommes et femmes devraient attendre encore un peu avant d'être égaux devant la sexualité. En analysant systématiquement le contenu des premiers manuels d'éducation sexuelle, Anne-Claire Rebreyend a noté l'omniprésence d'un schéma aujourd'hui surprenant : les médecins qui généralement écrivaient ces guides disaient ce qu'il était bon et juste de faire, mais s'adressaient uniquement aux hommes – des initiés – qui transmettaient leur savoir aux femmes, celles-ci ne sachant être que les élèves de leurs maris… L'homme avait alors la réputation d'être « du côté de la sexualité » et la femme « du côté de l'amour ». En 1999 encore, deux conseillers conjugaux, auteur d'un ouvrage intitulé *Vivre heureux en couple*, affirmaient toujours que l'homme subissait une « pulsion sexuelle » alors que la femme ressentait un « besoin diffus de tendresse ». Charles Darwin (1809-1882) avait écrit : « *La femme est moins avide de s'accoupler que le mâle. Elle veut être courtisée, elle est timide.* » Et rien n'avait changé depuis.
Ces présupposés furent « prouvés » par une étude qui fit longtemps office de vérité révélée. Le biologiste Angus Bateman décréta une bonne fois pour toutes, en 1948, que dans tout le règne animal – chez nous autres les humains également – l'attitude sexuelle pouvait se définir chez les mâles comme de « l'avidité indis-

criminée » et chez les pauvres petites femmes comme de la « passivité discriminante ». Le mâle saute sur tout ce qui bouge tandis que la femme attend le prince charmant, et c'est normal a dit la science ! Maintenant circulez ! Y a rien à voir !
Sauf que très récemment, le docteur Gillian Brown de l'université de Saint-Andrew en Écosse arrive à des résultats bien différents en menant une étude concernant 10 000 personnes, vivant dans 18 pays différents. « *L'étude montre que les femmes sont capables de dénicher autant de partenaires que les hommes* », déclare-t-elle. « *Ce sondage pose la question de l'existence d'une règle sexuelle universelle qui s'appliquerait aux hommes et aux femmes* ». Hommes et femmes auraient donc des comportements sexuels plus proches qu'on ne l'a toujours dit. Autant dire que le mariage – le sujet de ce livre – doit une bonne fois pour toute cesser d'être considéré comme un carcan pour l'homme, naturellement coureur, et une situation naturelle pour la femme, naturellement casanière.

LE MARIAGE : UN MODE DE VIE PARMI D'AUTRES

Et c'est alors même que les couples revendiquaient le droit au plaisir sans crainte – grâce à la pilule – que se mit en marche le processus qui allait à terme avoir pour conséquence la disparition du couple légalement marié comme principal « lieu de la sexualité ».
Une véritable révolution s'est déroulée en l'espace d'une quarantaine d'années dans la plupart des pays occidentaux. Le mariage était quasiment la règle, il n'est devenu

tout au plus qu'une option. Lorsqu'il s'agit de s'amuser un peu rien ne vaut une consultation attentive des statistiques établies par l'INSEE et l'INED. Donc, selon l'Institut national d'études démographiques (INED), en France il y avait en 1970 en moyenne 12 divorces pour 100 mariages, tandis qu'en 2005 on dénombrait 42 divorces pour 100 mariages. Le nombre des divorces a progressé brutalement de 44 % entre 1990 et 2007…
Pour en rester aux chiffres, en 1965 on célébra 346 500 mariages, en 1994 au plus bas niveau on descendit à 253 476 mariages, pour remonter à 2007 à 274 084 mariages. Mais dans le même temps on prononçait 139 147 divorces… Par ailleurs l'âge moyen du premier mariage des célibataires est en hausse constante, il est désormais de 29,3 ans pour les femmes et de 31,3 ans pour les hommes.
Selon les démographes, la vie familiale d'un Français a changé de nature en quelques années. Ils la décrivent sous la forme d'une succession de situations :

> Ménage isolé (célibat) > cohabitation > conception prénuptiale > mariage > divorce > famille monoparentale > cohabitation ou remariage > famille recomposée > départ des enfants, veuvage > ménage isolé…

Tout ceci pour dire que les mariages qui durent toujours, indissolubles jusqu'au décès de l'un des conjoints, étaient naguère la norme et la seule situation propice à la sexualité. Ils deviennent aujourd'hui une quasi rareté, et lorsque les générations de l'après 68 entreront dans le 3e âge, les couples de ce type constitueront certainement une exception, voire une curiosité.

Aujourd'hui, une union, mariage ou vie commune, doit être ressentie comme « parfaite » par les deux conjoints, sinon, à la trappe…
On ne reste plus ensemble par intérêt ou respect des convenances, mais par amour… Et c'est autrement plus difficile, si de surcroît on exige que sa « vie sexuelle » – une invention récente également – soit parfaite.

Vivre ensemble

Vivre à deux, ensemble, sous le même toit, durant des années et des années, en étant toujours heureux et toujours super actifs au lit… C'est, nous l'avons vu, un objectif récent, et pour ainsi dire quasiment impossible à tenir.

Les couples se heurtent à un paradoxe que le psychanalyste Jean-Pierre Winter décrivait, dans une interview donnée au *Nouvel Observateur* : « *Le désir et l'amour sont, à long terme, quasiment incompatibles. Il est de la nature même de l'amour d'être exclusif, mais, en même temps, il est très angoissant d'avoir pour seul objet d'amour un seul individu. Le désir a besoin de nouveauté, d'inconnu. Quand on aime, on idéalise la personne et pour désirer quelqu'un il faut l'objectiver. L'humain doit donc opérer deux opérations contraires,*

ce qui, sur la durée, n'est pas évident... » Concilier l'inconciliable serait donc l'obligation permanente des couples désirant vivre heureux ensemble et pour longtemps. Pas évident en effet.
Mais retenons déjà une idée : le désir de nouveauté et d'inconnu. Nous y reviendrons.

LA RÈGLE DES TROIS A

Quels sont les liens qui relient deux personnes vivant ensemble ? C'est assez énigmatique ! Nous connaissons des couples de toutes sortes, des sans mystères aux très surprenants. Mais les sans mystères n'ont-ils rien à nous cacher ? Pour durer, un couple doit fonctionner selon des bases bien connues, développées par de nombreux théoriciens du bonheur conjugal : une sympathie et un respect mutuel qui feraient déjà des deux conjoints les meilleurs amis du monde ; des projets et des choix existentiels faits et menés en commun ; une vie affective et sexuelle – nous y voilà – agrémentant cette vie commune d'une belle ambiance de plaisir partagé et toujours renouvelé...

D'aucuns affirment que tout cela doit en plus se fonder sur une sorte d'histoire fondatrice, quasiment un « mythe fondateur » comme dans l'histoire des villes et des civilisations. La rencontre dans des circonstances extravagantes, le coup de foudre, l'amour d'enfance qui se concrétise, le combat pour délivrer l'autre de ses liens conjugaux antérieurs... Ce mythe donne au couple son caractère particulier, voire unique, en tout cas aux yeux des deux personnes qui le composent.

N'allez surtout pas dire à des gens mariés que leur histoire est banale, ils vous détesteraient !

Les mariages harmonieux semblent concerner des gens ayant fondé leur union sur un trépied, ils appliquent donc une règle de trois implicite.

Ils sont les meilleurs amis du monde ;
Ils ont un projet en commun ;
Ils sont restés amants, comme dirait Maxime le Forestier.

Que l'une de ces trois choses viennent à manquer et les couples battent de l'aile. Amitié, Avenir, Amour… L'Amitié que l'on entretient, l'Avenir que l'on prépare ensemble, l'Amour que l'on fait toujours. Dans un manuel de « pensée positive », cette formule se serait appelée la règle des trois A…

• A COMME AMITIÉ

Deux personnes qui ne seraient pas les meilleurs amis du monde sont-elles faites pour vivre ensemble ? Nous affirmons que non !
Tous les sexologues, tous les psychologues, tous les bavards des cafés du commerce sentimental vous disent la même chose, en l'enveloppant d'une formule alambiquée pour faire contemporain : « Un couple qui dure est un couple qui communique ! »
Oubliez vite ce vocabulaire grotesque. Un couple qui dure est un couple qui s'entend bien, aurait-on dit naguère, « s'entendre » étant déjà une manière d'évoquer la com-

munication. Un couple est composé de deux personnes qui ont toujours des choses à se dire, des bêtises le plus souvent, qui n'attendent pas les retrouvailles du soir et justifient un appel urgent sur un portable, au risque de le faire sonner en pleine réunion. Un couple qui fonctionne bien se compose de deux personnes qui se comportent dans la vie – même à un âge très avancé – comme deux copines/copains de collège. Parler de tout et de rien entretient l'amour comme l'amitié.

Autre rengaine souvent entendue auprès des psychologues : pour qu'un couple dure il faut que ses deux membres fassent preuve l'un à l'égard de l'autre d'un solide sens de l'humour. N'est-ce pas justement l'un des comportements basiques d'un tandem ou d'un groupe de bons amis. On se vanne ! Un couple qui « s'entend bien » s'amuse quasiment de la même manière qu'à la fin d'une troisième mi-temps de rugby (peut-être un peu plus élégamment ?), mais c'est dans l'air... Le plaisir d'être ensemble, de bavarder, de se vanner annonce le plaisir qu'on se donnera mutuellement au lit.
En guise de première conclusion, écrivons solennellement ceci : vous avez parfaitement raison de vouloir vous taper vos meilleurs amis, vous êtes sans doute fait pour vous entendre « aussi » au lit. Mais, me direz-vous, ce sont des camarades du même sexe ! Pffff, répondrais-je, nobody is perfect !

• A COMME AVENIR

Mais l'amitié ne suffit pas, sinon vous auriez épousé tous vos bons copains et toutes vos bonnes copines.

C'est possible remarquez, mais à la longue cela finirait par coûter cher en pensions alimentaires !
Il y a une seconde condition à remplir : avoir des projets en commun, une idée de l'avenir que l'on souhaite se construire, pas forcément au détail près, mais un minimum s'impose. La question de savoir si on fera des enfants un jour ou l'autre, et quand, fait partie des problèmes de base. Ce n'est certainement pas une question à poser dès la première éjaculation de monsieur entre vos seins, où lors des travaux d'approche d'une tentative de sodomie langoureuse, ça peut attendre, mais quand un couple s'inscrit dans la durée ça fait partie des questions qui réclament un accord minimal entre les deux partenaires – en gros oui ou non –, le comment et le quand pouvant être traités dans un second temps.

Les couples que nous avons vu se déliter puis se défaire avaient souvent en commun cette absence de perspective... Vous les connaissez ces gens qui ne sont d'accord sur rien, ni sur la manière d'élever leurs enfants, ni sur l'endroit où ils souhaiteraient habiter plus tard, ni sur la manière de mener leurs vies professionnelles respectives, ni même sur leurs lieux de vacances... La seule manière de concilier l'inconciliable serait la séparation, séparation de vie quotidienne, pour que le reste perdure. Henri de Montherlant écrivait en 1939 : « *Le mariage est un enfer s'il y a chambre commune, chambres distinctes il n'est plus que le purgatoire, sans cohabitation, en se rencontrant deux fois par semaine il serait peut-être le Paradis...* » Mais cela revient à la proposition initiale : être d'accord sur le fait que l'on est d'accord sur rien, c'est bien être d'accord sur l'essentiel.

Car tout n'est peut-être pas perdu pour eux. Le Dr Didier Lauru, psychanalyste et psychiatre, affirme : « *Il faut à la fois avoir des projets communs et garder une identité propre, que chacun ait son autonomie car, à tout vouloir faire ensemble, on risque de s'appauvrir. Le couple a besoin de l'extérieur pour s'enrichir, il ne faut donc pas s'en couper en vivant replié sur soi.* »

• A COMME AMOUR

Par Amour, nous entendons celui que l'on fait – mais en choisissant le mot Sexualité, le côté triptyque ne fonctionnait plus, ça faisait AAS et c'est plus joli si ça fait « les trois A »... O.K. ? Bref !
La sexualité seule ne suffirait pas, mais... « *Le lit est tout le mariage* » écrivait Honoré de Balzac, dans sa *Physiologie du mariage*... Pas tout, mais beaucoup. Un couple ayant renoncé à la sexualité nous semble avoir perdu une belle partie de sa raison d'être. Aujourd'hui, en ces temps incertains, l'absence de sexualité au sein de couples pourtant « solides » par ailleurs, serait en train de devenir un phénomène suffisamment apparent pour interloquer les sociologues. Au Japon, une étude de novembre 2008 portant sur un panel de 1 500 hommes et femmes de moins de 50 ans a permis de découvrir que 37 % des couples n'avaient pas fait l'amour depuis au moins un mois. La cause en serait l'excès de travail et la fatigue que cela induit...
Une étude autrement plus inquiétante, rapportée dans la presse française en 2009, affirmait que la crise économique avait un impact direct sur la sexualité des jeunes couples britanniques. Près de 10 % d'entre eux ne faisaient quasiment plus l'amour depuis le début de

leurs déboires financiers, non pas parce qu'ils avaient « moins le cœur à ça », mais pour une raison assez étrange : la crise les avait privés des loisirs qui les prédisposaient à la sexualité – les sorties dans les bars et au restaurant –, le sexe pour ces golden boys & girls en souffrance faisant partie d'un ensemble. C'est le fait de se retrouver face à face, pour manger et boire à la maison, qui déclenchait le début de leur crise sexuelle. On en revient à la partie « amitié » de notre triptyque : si celle-ci n'est pas déjà assurée, le reste ne suit pas.

La sexualité au sein du couple apparaît donc comme une condition et une résultante de l'ensemble. Dans un trépied, qu'un seul des trois pieds manque et l'ensemble se casse la figure. Quand l'édifice vacille, il y a bien des raisons de craindre qu'il en sera de même au lit. Il faut pourtant considérer le cas particulier des couples ayant fondé toute leur vie commune sur la seule sexualité, en dehors de toute autre forme d'atome crochu. Ceux-là ne rentrent pas vraiment dans notre champ d'expérience, ils ont certainement des choses à nous apprendre...

Quel couple?

Naguère, le couple durait même en l'absence de sexualité ou en cas de sexualité insatisfaisante. Puis le droit à la sexualité a semblé acquis alors même que le mariage n'était plus la norme… Autant dire que la « sexualité matrimoniale » devient quasiment un sujet concernant une minorité.

Pour faire l'amour toujours, toujours avec la même personne et toujours avec le même plaisir, il faut – c'est une évidence – être sur la même longueur d'onde… Guère plus, pas moins.

La recette du « mariage idéal» a été recherchée. Une incroyable étude menée par une spécialiste du « wedding planning », l'organisation de mariage clés en main, portant sur un panel de 3 000 couples mariés, a tenté d'établir les composantes du « mariage parfait ». D'après ces « chercheurs » en science matrimoniale, un couple parfait se dirait « je t'aime » une fois par jour et s'accorderait « deux repas romantiques par mois », autant dire que les autres sont nuls ! Pour notre part nous croyons que les couples qui durent partagent des choses autrement plus troublantes que de simples repas romantiques : des secrets, des fantasmes, des aventures…

LES COUPLES

Selon les tenants de la psychologie récréative des magazines, il existerait aujourd'hui – maintenant que les relations matrimoniales ont été peaufinées par deux mille ans d'histoire chrétienne et quarante ans de post-soixantuitardisme – cinq grands types de couples :

Le couple conflictuel, qui se dispute sans cesse au nom du fait que « *leurs provocations visent à ranimer la passion, et qu'ils trouvent un équilibre dans le conflit* ». Nous en connaissons quelques-uns, ils ont l'air de bien s'aimer, mais ce n'est pas de tout repos. La sexualité peut leur servir parfois de mode de résolution des conflits. Naguère, cela s'appelait « l'amour vache ».

Le couple fusionnel, les Tristan et Iseult contemporains. Les terrifiants couples fusionnels ne font, paraît-il, pas de vieux os, ce que les Rita Mitsouko résumaient d'une formule, *Les histoires d'amour finissent mal, en général*. Les couples qui durent ne connaissent pas les phénomènes propres à ces amours exceptionnelles, « *idéalisation éperdue du conjoint, demande insensée de réparer nos blessures, relation fusionnelle...* » Toutes choses qui sont le plus sûr moyen pour causer une belle explosion en vol au premier accroc, à la première difficulté, genre « *chouchou tu as laissé traîner tes chaussettes, tu me déçois horriblement, tu n'es donc pas l'homme que tu prétendais être, je m'en vais, bouuuuhh* »...

Le couple associatif. Ils ont toute notre sympathie. Ce sont les plus radicalement modernes, faire l'amour est sans doute leur activité commune favorite. Ils partagent déjà tellement de choses que ce n'est pas une petite heure sous la couette qui viendra leur déplaire. Ils apparaîtront souvent dans ce guide, d'ailleurs les « trois AAA » évoqués plus haut semblent être leur mode de vie habituel. Ils ont surtout une caractéristique assez banale en apparence : ils sont composés de deux individualités fortes, qui vivent sur un pied d'égalité.

Le couple en décalage. Ce n'est pas sûr que ça marche et pourtant dans la plupart des cas ça marche quand même, un vieux un jeune, une intello un crétin, un Juif une Arabe, une riche un pauvre – et tous les inverses possible ! Souvent la sexualité est leur lien secret. À l'inverse des précédents, il faut absolument que le sexe soit au rendez-vous pour que le reste fonctionne.

C'est une sorte de variante des précédents, **le couple pygmalion,** où « *l'un des partenaires révèle à l'autre ses ressources cachées* ». Le problème de ce mode d'initiation, c'est qu'il arrive un moment où l'élève ayant tout compris et tout appris, il s'en va voir ailleurs. Nous en connaissons également, et les pages people en sont pleines. Madame est très jeune, Monsieur très expérimenté. Sur le plan sexuel, Monsieur commencera juste à se fatiguer quand Madame sera au sommet de son art ! Et c'est alors sans doute qu'elle ira transmettre sa science à de très jeunes gens aux pectoraux d'acier.

Mais tout cela ne concerne que les modes de création des couples. Encore faut-il les voir fonctionner dans le cadre particulier, contraignant et apparemment normatif du mariage. Le mode associatif peut s'étendre au fonctionnement futur d'une éventuelle famille tout aussi associative, le mode fusionnel ouvre sur des « familles cocons », le système du « conflit » peut s'étendre aux générations suivantes, quant aux autres on ne sait pas bien.

Comme quoi, la psychologie des magazines n'a pas réponse à tout.

Mais nous affirmons déjà, à ce stade de notre voyage au pays des couples, que les mariages qui réunissent deux personnes libres, autonomes, ayant chacune une activité valorisante ou apaisante, des amis, des centres d'intérêts en dehors de la maison et du respect pour ce que fait et vit l'autre, eh bien que ces couples semblent particulièrement bien armés pour avoir en plus une vie sexuelle agréable.
Une autre étude, guère plus sérieuse, mais amusante, menée en avril 2009 par la Sofres pour le compte de RTL et du *Nouvel Observateur*, a découvert au sein de la population française une catégorie de Français pouvant correspondre à cet idéal, les « décomplexés tranquilles » – 14 % de l'échantillon – qui sont « *contents de leur vie sexuelle* », « *attachent beaucoup d'importance à la complicité et au plaisir partagé avec le ou la partenaire* ». Soyons décomplexés et tranquilles. À moins que nous ne soyons des « amants fidèles » – une autre catégorie relevée par ce sondage – qui affirment donner la même importance à l'orgasme et la jouissance qu'à la fidélité et la complicité.

À la limite, ils énervent.

2. l'amour en danger...

Attention danger !
Mari et femme, et pour longtemps, c'est ce que vous espérez l'un et l'autre. Mais il va falloir éviter bien des obstacles.

Vous vous êtes découverts progressivement, nuit après nuit, et vous vous aimez. Vous avez fait mille folies, vous espérez bien en faire encore d'autres. Vous étiez heureux lorsque vous n'étiez « que » des amants, puis des concubins, et vous êtes bien décidés à ce que cela dure maintenant que vous êtes mariés. Ce n'est pas le cas à tous les âges de la vie, mais de subtils changements sont en cours qu'il va falloir contrôler, voire maîtriser, si vous voulez continuer à vous aimer et, disons-le, à faire l'amour comme au joli temps de ces découvertes.

Le statut de « jeunes mariés » vous expose à quelques conséquences... Peut-être allez vous faire des enfants, vos familles vont s'octroyer le droit d'être plus présentes « maintenant que c'est officiel », ou bien allez-vous simplement découvrir les risques de la cohabitation après avoir vécu longtemps chacun de votre côté.

Claude Nougaro avait décrit en 1962 le « *moment fatal où le vilain mari tue le prince charmant* ». Et l'épouse est aussi susceptible de se rendre coupable d'un crime identique contre la belle princesse qu'elle était jusqu'à vos fiançailles...

Faire l'amour... Mais oui, et le plus longtemps, possible, et toujours avec le même plaisir, voire un peu plus de plaisir chaque fois... C'est une lutte de chaque instant, de nombreux obstacles se dressant entre vous et le plaisir...
Pour faire l'amour, il faut, comme disent les magazines féminins et les psys de service, pouvoir « se retrouver ». Nous envisagerons un peu plus loin dans ce manuel ce que « se retrouver » veut dire... Mais pour se retrouver il faut d'abord éviter de se perdre. Faire l'amour demande d'être ensemble et disponibles l'un pour l'autre. Autant dire que la quasi totalité des activités quotidiennes semblent n'exister que pour vous empêcher de baiser tranquille... pardon, je voulais dire « de vous retrouver ».

LES TUE L'AMOUR

Le couple a besoin d'intimité ! Un couple, cela reste deux personnes – en tout cas en dehors de ses éventuelles promenades en milieu échangiste, que nous évoquerons certainement plus loin. Ces deux personnes ont évidemment une vie agréable, faite de rencontres, de mondanités, de câlins aux enfants, de travail même – car ils ont du travail, et bien payé, et super intéressant ! Il faut dire que les personnages dont nous découvrons l'existence dans les exemples choisis pour illustrer la collection Osez ont tous des vies idéales... Pourtant, chacune de ces composantes d'une « vie réussie » est aussi lourde de menace pour le sujet qui nous occupe. Combien de femmes ou d'hommes ont renoncé peu à peu à leur vie sexuelle faute de temps et de désir – le temps volé par le travail et les enfants, le désir émoussé par la fatigue et le stress.

Tout, absolument tout, s'oppose à l'épanouissement sexuel d'un couple dont les deux membres travaillent: la fatigue des transports, le stress du travail ou pire encore des menaces qui pèsent sur lui, les soucis d'argent, les enfants dont il faut s'occuper, les adolescents « à problèmes »...

Mais avant de parler des « tue l'amour » extérieurs, il faudrait décrire rapidement le plus grave – que nous appellerons, pour rester élégant, le « *changement d'attitude de l'un des partenaires au lendemain de son mariage* ». Servane Vergy, auteur de l'un des best-sellers de la collection Osez (*Osez les secrets d'une experte du sexe pour rendre un homme fou de plaisir*),

nous en donne un exemple concernant les hommes – c'était le sujet de son livre. Il va sans dire qu'il s'applique exactement aux femmes. « *Vous n'avez pas le droit de l'empêcher d'être l'homme qu'il est ; d'ailleurs c'est ainsi qu'il vous a plu, non ? Vous n'avez pas le droit de vouloir le changer, de lui imposer vos lois, votre propre vision de la vie et du monde. Prenons un exemple : quand vous êtes tombée amoureuse de lui, il était déjà fumeur, ou il passait ses week-ends à trafiquer sa moto, ou à courir les brocantes ; cela ne vous a pas empêché de vouloir construire une histoire avec lui. Et aujourd'hui, vous lui mettez la pression pour qu'il arrête de fumer ? Pour qu'il délaisse sa bécane ? Pour qu'il boude les vide-greniers ? Ce n'est pas réglo.* »
Eh non, c'est pas réglo, et c'est aussi « tue l'amour » : un homme ou une femme que vous tenterez de priver de ce qui constitue une part de sa personnalité risque de devenir beaucoup moins chaud-bouillant au lit, les frustration de la vie quotidienne trouvant toujours leur écho dans la vie sexuelle.
Mais ce n'est pas le seul danger que coure votre bonne entente sous la couette.

Vos débuts dans la vie

Dans l'idéal, vous avez évidemment des parents riches et complaisants qui vous ont installé un petit nid d'amour de 100 m^2 juste au centre de la ville où vous travaillez, et d'ailleurs c'est à deux pas du bureau où vous allez en vélo chaque matin. À moins qu'ils ne vous aient offert une belle maison dans un quartier résidentiel, juste en face de la gare du TER. Votre vie est parfaite, vous n'avez aucun souci domestique, vous rentrez en pleine forme tous les soirs et vous vous précipitez dans les bras de votre aimé(e) pour courir dans votre belle chambre spacieuse et claire, superbe endroit pour s'adonner aux joies du 69 goulu, de l'amazone frénétique, de la levrette enlevée et de l'orgasme sidéral, aussi violent que partagé…
Oui, mais dans la vraie vie, vous n'avez dégoté qu'un studio loin de tout et votre premier lit d'amour doit être replié tous les matins pour se transformer en canapé du salon, le salon qui justement vous tient lieu de chambre à coucher. Ne vous laissez pas contaminer par l'ambiance forcément un peu déprimante de vos « débuts dans la vie ». Vivez les au contraire comme une belle aventure romantique – et donc sensuelle –, souvenez-vous de ces dizaines de romans et de films mettant en scène des couples qui s'aimaient dans des soupentes, des chambres de bonne ou des hôtels meublés. Ces moments d'inconfort, ces longs week-ends passés très serrés sous la couette d'un lit étroit, avec vue sur le coin cuisine seront peut-être vos meilleurs souvenirs érotiques. Ne les gâchez pas par avance.
Mais il y a un minimum. Même dans des conditions

d'inconfort matériel et financier, vous devez déjà – eh oui, déjà ! – préserver cette intimité qui est la meilleure complice de l'amour. Et vous devez déjà – eh oui, déjà ! – organiser votre vie de manière à conserver l'un et l'autre une part d'autonomie, cette « différence », voire ce petit éloignement qui fait partie de vos charmes respectifs.

Les enfants !!

La naissance d'un enfant est aujourd'hui un événement attendu, souhaité, programmé. L'enfant n'est plus la conséquence parfois accidentelle d'une vie sexuelle menée au petit bonheur ou la concrétisation immédiate des premiers rapports sexuels après le mariage.
L'âge des parents d'un premier enfant s'élève d'année en année, il est quasiment normal pour une femme d'avoir un bébé au début de la trentaine, il devient fréquent d'en avoir à l'aube de la quarantaine... L'enfant désiré arrivant quasiment à l'heure convenue, appartient à un univers nouveau, un peu étrange au regard de l'histoire de l'Humanité, celui de la vie planifiée. Le premier enfant apparaît dans des couples ayant déjà un long « vécu sexuel ». Ce devrait être la condition pour que cette naissance n'altère en rien leur relation : pas sûr !

BÉBÉ

Ovidie, dans *Osez faire l'amour pendant la grossesse*, a absolument écrit tout ce qu'il faut savoir pour faire de la grossesse une intense fête des sens. Elle nous décrit en particulier l'état d'euphorie galvanisante de la femme enceinte à certaines périodes de sa grossesse et ce que cet état peut avoir de bénéfique pour que le couple vive des instants de plaisir partagé. Elle nous affirme également qu'une vie sexuelle amusante durant la grossesse transforme celle-ci en une succession de « bons souvenirs » qui entretiennent et enrichissent une vie sensuelle. De même, elle traite du retour progressif à la sexualité active d'une jeune femme dont le corps a été éprouvé par l'accouchement.

On l'aura compris, le passage de ce cap particulier dans la vie d'un couple est l'un des plus grands dangers auquel il sera confronté. Tout est possible, Monsieur peut « *ne plus voir le corps de sa compagne comme avant* », Madame « *ne plus se considérer comme une maîtresse mais comme une mère* »... Ces deux attitudes ont la vie dure malgré les bouleversements sociologiques qui entourent la naissance, malgré également les changements en matière d'attitude face à la place de la sexualité dans la vie d'un couple.

Nous reprenons à notre compte tous les conseils « techniques » avancés par Ovidie – qui reste à ce jour la seule référence en la matière, quasiment personne n'ayant songé ou osé traiter de la sexualité des femmes enceintes ou des jeunes accouchées. La grossesse et la période qui suit l'accouchement doivent être considérées comme des étapes d'une vie de couple, mais certainement pas comme une interruption,

avec un après différent de l'avant, même – et surtout – si cette grossesse « se passe mal », condamnant la pauvre future maman à végéter dans des positions et des costumes irrémédiablement pas sexy !
Ovidie affirme aussi qu'une rééducation post-natale s'impose, sauf dans le cas particulier de la césarienne, Elle aura même de nombreux effets bénéfiques : on ne dira jamais assez les nouveaux jeux que permet une bonne musculation du périnée ! Nous en reparlerons dans un chapitre prochain.

SA CHAMBRE

En grandissant, bébé risque peu à peu de s'installer entre son papa et sa maman, les éloignant l'un de l'autre... Ce troisième personnage s'insinuant dans la vie d'un couple doit y trouver sa place.
C'est encore difficile à écrire sans se faire rabrouer, mais bébé doit être « tenu à distance » de la vie du couple : il n'en fait pas partie.
Pour que l'amour dure toujours, bébé doit être considéré comme un personnage essentiel, pour lequel on est prêt à tous les sacrifices certes, mais pas celui de sa propre vie, puisque c'est parce que cette vie est plutôt réussie qu'il est venu au monde – en principe.
Matériellement parlant, il doit avoir sa chambre dès que possible, il faut que celle-ci soit déjà l'anticipation de ce que sera sa chambre d'enfant puis d'adolescent, située à bonne distance de la chambre des parents, insonorisée, agréable... On ne doit pas complètement bouleverser l'organisation d'un appartement en fonction des premiers mois de bébé. C'est une période qui

passe très vite, il sera toujours plus facile de laisser des portes ouvertes durant sa prime enfance pour l'entendre gazouiller au loin que de devoir reconstruire des cloisons plus tard quand on désirera reconquérir son intimité.
La chambre des parents doit être considérée comme un sanctuaire, leur lieu à eux, où les enfants ne font que passer. Lorsqu'un enfant est un peu souffrant et requiert la présence de l'un de ses parents, c'est celui-ci qui se déplace dans sa chambre, et non bébouillou qui s'installe dans le lit de papa et maman. La grosse fête, tout le monde dans le même lit pour regarder un dessin animé, ou une nuit sous la tente tous ensemble, doit rester l'exception.
Cette mise à distance ne sera jamais ressentie comme une exclusion si elle est décidée le plus tôt possible, mais comme une forme de reconnaissance et d'encouragement à l'autonomie de l'enfant. Avoir « sa chambre » – un luxe du monde occidental –, son petit monde, apparaît de toute manière comme une exigence de plus en plus précoce chez l'enfant.
La béatitude sexuelle de papa et maman est compatible avec le développement du petit, ça tombe bien !

DODO

En revanche, il reste un problème apparemment insoluble : le manque de sommeil. Des études récentes ont démontré que le nombre d'heures de sommeil de nos contemporains baissait dangereusement, étant tombé en moyenne au-dessous des sept heures par nuit, ce qui avait des conséquences sur leur santé. Pendant les

premiers mois de bébé, cela peut prendre des formes extrêmes. Songer à faire l'amour lorsqu'on n'a plus qu'une idée en tête – dormir enfin ! – devient une préoccupation secondaire.
Sauf si ! Sauf si le rituel de l'éveil en sursaut pour le biberon de bébé se transforme en petit rituel érotique. Songez un instant à ce que deviendraient vos nuits si, plutôt que de le redouter, vous attendiez inconsciemment avec impatience le moment de la tétée ! Car celui des deux qui se lèvera aura sa récompense... À vous de décider de la nature de la récompense.
De même, les siestes réparatrices des week-ends quand bébé dort doivent elles aussi être considérées comme des moments de retrouvailles gaillardes. Bébé est satisfait ? À votre tour ! Mais prudence : les « relevailles », comme on disait autrefois, ne doivent pas être traitées à la légère, sauf en cas de désir immédiat de seconde maternité. Vous devez redéfinir avec votre gynécologue ce que sera votre mode de contraception. Pas de gaffe !

SANS EUX...

La crèche, l'école, les vacances chez papy et mamie sont des moments d'intense déchirement : votre enfant vous est arraché, c'est horrible... Ben oui, mais c'est aussi le moment de se retrouver tranquille, sans cet obsédant sentiment lié à la crainte d'être dérangés ou surpris tandis que vous vous amusez tout nus dans votre chambre.
En effet, une des causes du malaise que peut introduire l'apparition des enfants dans un couple est la crainte

d'être surpris et pire encore de devoir s'expliquer, voire se justifier. Donc…
Donc on s'en va, en week-end, en vacances, en croisière, et sans eux. Concernant le cas particulier des « vacances chez les grands-parents », toutes les études démontrent qu'elles constituent des moments particuliers de bonheur pour les uns et les autres, les enfants usant et abusant de la liberté qu'elles leur permettent. Pépé et mémé sont contents, ils profitent d'un bébé sans les contraintes propres à l'éducation, quant aux enfants, ils en profitent un max ! Profitez-en aussi. Et cela ne veut certainement pas dire que vous ne les aimez pas, au contraire, vous les aimerez davantage lorsque vous reviendrez, sereins, apaisés et repus après quelques longues heures passées à faire l'amour comme des bêtes, sans crainte d'être interrompus par des pleurs venant de la chambre voisine…

Le travail

Le travail est tue l'amour : travailler fatigue, cause du stress, ça vous occupe des journées entières... Et il y a pire que le travail : le chômage, tout aussi fatigant et bien plus stressant.
Le travail devient une entrave au développement affectif d'un couple dès lors qu'il s'insinue dans leur sphère privée en devenant un sujet de conversation

quasi unique, voire le seul moteur d'une vie. Son évocation, les conversations avec les collègues, en particulier lorsqu'on les fréquente en dehors des heures de bureaux, les ordinateurs portables et les dossiers, les smartphones qui carillonnent à des heures indues... tout cela doit rester à la porte de la chambre à coucher. Le « travail mobile » d'aujourd'hui apparaît comme l'un des pires ennemis d'une vie de couple et du mariage, il s'insinue dans la plus calfeutrée des intimités, s'invite parfois en vacances ou en week-end, et jusque sous la couette, grâce à ces fichus instruments modernes de communication qui ne sont le plus souvent que des instruments modernes d'aliénation.
Et ne parlons même pas de ces vies désorganisées par des horaires décalés, il travaille la nuit et elle de jour, à moins qu'il ne soit en poste à Bordeaux et elle à Mulhouse. Toutes ces situations existent aujourd'hui, la mobilité, les concours de la fonction publique, l'allongement des temps de transport entre le domicile et le travail sont autant d'entraves à votre plaisir. Le travail reste l'un des principaux ennemis du mariage et de la sexualité matrimoniale.

COUPEZ !

Fermez les portables, oubliez de regarder vos mails, débranchez les ordis, ça leur fera autant de bien qu'à vous. Et renoncez autant que faire se peut aux heures supplémentaires qui vous rendent épuisés à vos camarades de lit.
Décompressez, parlez évidemment de vos journées respectives, évacuez le stress, déblatérez sur vos col-

lègues, détendez-vous et n'en parlez plus ! Une nouvelle vie commence à 19 heures, la vôtre, celle pour la qualité de laquelle vous vous fatiguez le reste du temps. Si vous ne profitez pas de ces bons moments, à quoi bon ! Rappelez-vous que vous ne vivez pas pour travailler, mais que vous travaillez pour vous faire une belle vie, dont votre sexualité est un des éléments les plus agréable.
En revanche il n'est pas interdit de faire entrer un peu de l'atmosphère de la vie de bureau sous votre couette, à l'état de fantasmes, de jeux de rôles, d'improvisations libertines. « On se retrouverait dans les toilettes garçon du huitième étage, il n'y a jamais personne, et puis on filerait dans le local des archives… — Où ça ? — On va dire que la buanderie serait le local des archives… » Ce genre de choses, quoi !

MAIS NE RENONCEZ SURTOUT PAS À TRAVAILLER

Car le « lieu de travail » est encore la meilleure usine à fantasmes que la société met à votre disposition, et en plus on vous paie pour vous y rendre ! On le sait depuis la nuit des temps, que ce soit un champ de blé pendant les moissons ou une multinationale à la Défense, le meilleur endroit pour draguer reste son lieu de travail… Pour draguer et pour se détendre sensuellement. La fidélité sexuelle – cette improbable situation qui est au cœur de ce livre – serait strictement invivable sans ces petites soupapes que permet la fréquentation permanente des bombasses et des mecs super-chauds rencontrés au boulot. Les relations qui se nouent au sein du milieu professionnel entretiennent la libido, émoustillent, amusent, détendent, et pour finir rendent plus agréables les retrouvailles avec votre chéri(e). Les jeux de fidélité et de liberté sont en effet au cœur des relations qui se nouent au sein des « couples qui durent » et des mariages heureux. Un garçon ou une fille qui se morfond à la maison pendant que l'autre travaille sera toujours frustré des rencontres, des émotions que permettent le travail, la cantine et les restaurants des quartiers d'affaire. Certes il y a des risques, mais il serait bien pire de se morfondre chez soi…

Les gens, la vie…

Et puis il y a tout le reste. La vie d'un couple est un combat permanent pour sauvegarder, voire simplement protéger, ce temps de l'intimité, ces simples « moments à soi » qui permettent de laisser libre cours à ses désirs, à la sensualité, au plaisir.

De même que le Feng Shui se propose de faire disparaître de l'environnement bâti de nos vies tout ce qui viendrait en perturber le déroulement, il faudrait inventer une méthode pour purger l'existence de tous les tue l'amour potentiels, et la liste serait longue…
Les ennemis de la vie sexuelle d'un couple marié (ou pas) sont partout ! Traquons-les impitoyablement !

LA FAMILLE

… et pas uniquement pour des raisons bêtement pratique, genre repas dominicaux interminables alors qu'on aurait mieux à faire…

La famille, les parents et les frères et sœurs de vos aimables comparses de lit, s'évertue en permanence à vous « désexualiser » par tous les moyens, y compris les plus humiliants – les « vieilles histoires » racontées par les frangines jalouses que vous ayez dégoté un si beau mec, par exemple. Dans le giron familial, votre conjoint et vous-même risquez en permanence d'être ramenés à l'état de pré-adolescents évidemment dépourvus de sexualité.

La famille peut aussi rejeter purement et simplement ces intrus avec lesquels vous avez l'intention de coucher au prétexte que vous êtes mariés. Et quand elle les accepte, c'est avec ce qu'il faut de sous-entendus pénibles pour ramener vos relations à la promesse de l'arrivée prochaine d'un nouveau bébé. Les familles aiment bien s'agrandir, votre sexualité n'y sera admise que si elle se révèle productive.

Votre identité de couple ainsi déniée, votre intimité se trouvera systématiquement en grand danger lors des réunions familiales et pire encore lors des week-ends et des vacances en famille. Il faut absolument définir son espace privé, matériel et temporel. Les familles géographiquement proches peuvent finir par vous prendre tout le temps que vous pourriez consacrer à des moments d'intimité ou de loisir avec des gens dont vous auriez choisi la compagnie. Le gigot du dimanche avec belle-maman est l'un des plus grands ennemis de vie sexuelle du couple. Faire l'amour alors que ses

parents dorment dans la pièce à côté, même après vingt ans de vie commune, ça reste un problème. Il vaut mieux un peu froisser un membre de sa famille en décrétant qu'on ira dormir dans une auberge voisine, en prétextant une vague histoire de rhume des foins, que de passer de longues nuits d'abstinence.
À moins que le câlin silencieux fasse partie de vos fantasmes, il est vrai que cela peut se révéler très excitant, tout comme le quick-sex dans le grenier ou dans la cabane du jardin quand le reste de la famille fait la sieste. Gardons cela en mémoire !

LES PETITS PERTURBATEURS...

Les meubles ne sont pas forcément nos amis ! Une publicité largement diffusée sur les écrans français durant la période d'écriture de ce guide présentait une jeune fille, incroyablement séduisante – et de bonne humeur, limite chaudasse – qui n'arrivait pas pourtant à attirer son amant dans son lit, ce crétin préférant se prélasser dans son nouveau canapé. Retenons la leçon. Certains meubles, ou l'agencement général d'un appartement ou d'une maison peuvent venir perturber votre vie sexuelle. L'éloignement du salon et de la chambre qui deviennent quasiment des chambres à part, où l'un regarde le cinéma de minuit, voire le porno du samedi soir, tandis que l'autre se morfond dans son lit, est un facteur de séparation... Une chambre où l'on se retrouve sous la couette pour regarder *Téléfoot* à la télévision n'est pas plus propice aux câlins, à moins que Madame n'en pince pour les garçons en shorts.
Mais faire chambre à part, voire appartement séparé,

peut s'avérer un assez sûr moyen de réveiller les plus endormies des libidos, pour peu que cette décision de séparation pratique soit assortie d'un contrat précis concernant les manières de passer outre. Tout est possible de « tu viens quand tu veux, entre sans frapper » à des rituels compliqués – rendez-vous, confrontation des agendas, menace de ne pas ouvrir sans montrer patte blanche... qui deviendront autant de petits plaisirs annonciateurs de ceux qui suivront.

LES DRAMES

Il y a bien d'autres tue l'amour, des épreuves, le deuil, la maladie, la dépression, qui risquent de tuer dans l'œuf l'énergie et le désir qui se déchaînaient au début de votre mariage. La sexualité peut sembler d'une grande futilité, voire totalement indécente, dans des circonstances où la vie d'un proche est en danger, quand tout vacille, lorsque la crise vient bouleverser les vies, lorsque le chômage, voire la simple peur du lendemain vient ternir le bonheur d'un couple. Tout désir, de manger comme de faire l'amour, peut disparaître lorsqu'on est endeuillé. La dépression, voire la sidération, ne sont pas l'état idéal pour aller batifoler dans des draps frais.

Et pourtant la sexualité reste la matérialisation du lien, ce par quoi deux conjoints se montrent leur indéfectible soutien. Faire l'amour peut alors prendre une signification symbolique particulièrement importante pour ne plus être en proie à la tristesse ou à l'angoisse, une manière de se dire qu'ils sont unis dans l'adversité, toujours solides quoi qu'il advienne. Les spécialistes du deuil considèrent également la sexualité comme une affirmation de soi face à la mort. La personne affectée par le deuil affirme ainsi qu'elle est vivante, simplement.

LES BROUILLES ET LES RÉCONCILIATIONS.

On ne pourrait guère passer toute une vie sans se disputer, à propos de tout et de rien... Notre amie la blogueuse Eve Rocknroll nous y encouragerait presque en décrivant ce qu'elle appelle une « baise réconciliation ». « *On dit rien pendant des heures, après on s'explique, ensuite on s'engueule, on chiale, on se balance des trucs à la tête, on dit qu'on s'en cogne de réveiller les voisins et qu'on va faire sa valise pour de bon, pis après on se jette l'un sur l'autre et on baise de façon inouïe — t'as remarqué à quel point les baises-réconciliations étaient délectables ? Rien que pour ça, ça vaut le coup de s'engueuler de temps en temps dans un couple.* »

Le corps lui-même...

Le désir est une mécanique très subtile, dont l'absence dénote un trouble ou un conflit. Mais il peut également arriver que cette absence ait des causes plus triviales. L'ADS – *l'absence de désir sexuel* selon le vocabulaire de la médecine qui adore les euphémismes sous forme d'acronyme – peut être par exemple la conséquence d'une addiction ou d'une intoxication à l'alcool. Mais celles-ci peuvent aussi être considérées comme des symptômes d'une crise au sein du couple. La prise de médicaments, des psychotropes ou des hypotenseurs, peut se rendre elle aussi coupable d'attentat à la libido, tout comme l'épuisement physique ou nerveux... Tout cela dépasse très largement le cadre de ce petit guide. Physiques ou psychologiques, la plupart de ces troubles ou de ces situations doivent faire l'objet de traitements.

Mais au-delà de ces cas particuliers et douloureux, le corps qui change avec l'âge devrait ne pas changer au moins sur un point : rester l'enveloppe charnelle d'une personne désirable et désirée...
Ce sera justement le sujet de notre dernier chapitre.

MAIS LE PIRE DES TUE L'AMOUR...

... se trouve bizarrement être l'amour lui-même.
Eh oui, jamais personne, même dans un couple ayant officialisé son union devant le maire, ne doit considérer

que tout est acquis pour la vie, qu'il n'y a plus d'effort à faire... Servane Vergy, notre « experte du sexe » de la collection Osez affirme : « *Lui dire "Je t'aime", c'est mignon, ça fait plaisir, c'est émouvant. Dix fois par jour, ça vire ado pré-pubère. Au début, il vous répondra "moi aussi", puis "c'est gentil", pour finir par "je vais y aller". L'idéal est qu'il doute toujours un petit peu de vos sentiments, qu'il se demande sans cesse pourquoi une femme telle que vous reste avec un type comme lui !* »

Car si tout est acquis, plus d'effort ! Sans ce désir de plaire, de séduire, de faire plaisir, votre sexualité va vite devenir d'une tristesse infinie. Le « petit coup vite fait » dont nous chantions les mérites risque de se transformer en « petit coup vite fait mal fait ».

3. l'amour de soi…

Afin que dure cette belle harmonie sexuelle et matrimoniale, il faut que Monsieur et Madame, pour être aimés, restent aimables. Sinon les quelques pistes que nous vous avons données pour vous distraire un peu risquent de n'avoir plus aucun intérêt.

Vous n'êtes évidemment pas concerné(e)s, vous êtes parfait(e)s, mais il paraît qu'une frange de la population masculine et féminine considère que le passage devant le maire est quasiment un but en soi. Se caser comme on disait naguère… Maintenant que c'est fait, on peut relâcher la pression. On se laisse aller… Ce qui revient à considérer le mariage comme une fin, une sorte de chasse, et lorsqu'on a trouvé le bon gibier, on peut ranger ses armes au vestiaire. Cette situation a été théorisée et symbolisée par l'expression « l'amour dure trois ans », qui reviendrait à considérer q'une aventure amoureuse ne durerait que le temps de la chasse, le temps de la conception d'un enfant, de la grossesse de la mère puis du sevrage du bébé, et puis ouste ! La neurobiologiste Lucy Vincent affirme gaillardement : « *Nous sommes génétiquement programmés pour rester ensemble une trentaine de mois.* »[1]

« Faire l'amour », ce n'est pas aimer à distance, aimer un être désincarné. C'est bien « le contact entre deux épidermes ». Pour que l'amour dure, que le désir ne s'éteigne pas, il faut rester désirable. Le mariage a parfois d'étranges conséquences contre lesquelles il va falloir lutter.

Être toujours « aimable »

Vous connaissez évidemment de ces couples où à l'évidence, l'un ou l'autre des deux conjoints s'est relâché un peu.

---

1. Lucy Vincent, *Petits arrangements avec l'amour*, Odile Jacob, 2005.

C'est une chanson que les moins de vingt ans ne peuvent pas connaître – et pas davantage les moins de trente. En des temps pré-soixante-huitards, Charles Aznavour reprochait à une épouse imaginaire d'avoir abdiqué tout désir de plaire…

Ah ! tu es belle à regarder
Tes bas tombant sur tes chaussures
Et ton vieux peignoir mal fermé
Et tes bigoudis quelle allure
Je me demande chaque jour
Comment as-tu fait pour me plaire…

Les bas et les bigoudis ont un peu disparu de notre univers quotidien, mais l'image reste compréhensible. Annie Cordy – ce qui continuera à ne rajeunir personne… – fit une version féminine de la chanson qui permettra de préciser encore notre propos futur :

Ah, Ah, c'est quequ' chose à regarder
Monsieur traînant dans la maison
En pyjama et pas rasé
Parfumé au Saint Émilion
Quand j' te vois de face ou de profil
Ça me change de l'homme qu'a su me plaire

Ces lamentations d'hommes et de femmes déçus et tristes de la manière dont leurs conjoints ont évolué nous amènent à l'un des conseils essentiels de ce modeste guide.

Pour continuer à aimer et être aimé, il faut à tout prix rester « aimable ». La durée de votre mariage et la

bonne entente sexuelle de votre couple en dépendent. Qui pourrait bien avoir envie d'arracher les vêtements d'une souillon, de se jeter sur un papy pantouflard, de faire mille folies avec des sosies des *Bidochon* ou du *Gros Dégueulasse* de Reiser ?
En fait, la principale zone érogène masculine et féminine serait le cerveau et on ferait l'amour « dans sa tête » d'abord, le corps réel des deux partenaires ne jouant qu'en partie dans cette comédie qui s'organise au lit. La beauté plastique n'est qu'un élément parmi d'autres de l'attractivité érotique d'un corps et l'apparition des traces des outrages du temps n'est pas forcément le signe de la fin de la séduction... Oui, on peut dire ça… Mais il reste beaucoup plus sûr et efficace de faire quelques efforts.
L'idéal serait évidemment de savoir rester mince, la peau douce, le visage lisse, les seins, le ventre et les fesses fermes, les pectoraux et les biceps luisants. La beauté et la bonne forme physique participent à la construction d'une belle image sexy.

LE PLUS DIFFICILE, L'ESTIME DE SOI...

Avant tout il faut s'aimer, s'aimer suffisamment pour avoir envie de se maintenir en bonne forme physique. Cela passe par l'estime de soi. Selon Germain Duclos, auteur de *L'estime de soi*, un passeport pour la vie, « *elle est faite de quatre composantes : le sentiment de confiance, la connaissance de soi, le sentiment d'appartenance à un groupe et le sentiment de com-*

pétence. »[1] Lorsqu'on ne s'aime guère, il y a peu de chance pour que d'autres songent à nous aimer. Il faudrait mieux s'aimer pour vivre avec les autres. Dans le seul domaine qui nous occupe, cela passe, au sein du couple, par des sentiments de confiance et de respect, d'humour et de tendresse. Le couple devient ce groupe protecteur qui permet à chacun de se sentir à nouveau estimable et la confiance du partenaire peut redonner ce sentiment de « compétence » décrit par Germain Duclos.

L'autodépréciation nuit gravement à la sexualité. « Je ne me sens pas belle », « je suis vraiment trop gras », « mon boulot m'emmerde », etc., ces lamentations sont d'imparables tue l'amour. En 1942, le psychologue américain Abraham Maslow a étudié les rapports entre « l'estime de soi » et la sexualité féminine à partir d'un échantillon de 140 femmes. Il rapporte que « *l'expérience sexuelle et l'attitude des femmes en regard de la sexualité diffèrent selon leur estime de soi. Les femmes ayant une forte estime de soi ont une attitude plus désinvolte vis-à-vis de la sexualité, la considérant comme une expérience physique agréable et valable en soi. Ces femmes sont aussi plus ouvertes à explorer différentes expériences sexuelles* ». Ce que confirme l'un de ses collègues, Hoffman, en 1988, qui établit selon les mêmes critères d'analyse que, « *les femmes ayant une faible estime de soi seraient plutôt inhibées sexuellement et considéreraient la sexualité maritale comme un devoir peu agréable à accomplir* ».

1. Germain Duclos, *L'estime de soi, un passeport pour la vie*, éditions Hôpital Sainte-Justine, 2005.

S'AIMER

Rien de plus simple : pour continuer à rester aimable, il faut continuer à s'aimer. Tenter de rester jeune dans l'âme, ne pas s'encroûter, rester dans la course... Toutes ces expressions courantes, ces poncifs, ces clichés recouvrent des réalités observables. N'importe quel homme saura repérer dans une assemblée la quinquagénaire alerte, celle qui continue à revendiquer sa féminité, sa disponibilité, son droit au plaisir... Et pas uniquement à quelque tenue outrageusement et parfois ridiculement sexy – genre Ivana Trump – mais à des détails, dans le maintien, le soin, et mieux encore l'état d'esprit. Tout cela porte souvent un nom simple, l'élégance, qui n'a à voir ni avec l'ostentation, ni avec le « jeunisme ».
Et il en sera de même dans une assemblée masculine : l'œil expert d'une femme découvrira immédiatement ceux de ces personnages grisonnants qui n'ont pas abdiqué toute idée de plaire.
Pour être aimé, il faut rester aimable et pour cela s'aimer un peu soi même, se soigner, se dorloter.

CE MYSTÉRIEUX CHARME

Les lieux échangistes sont des terrains d'expériences en tous genres. Ils permettent par exemple d'observer « en vrai » ce que nous pressentions depuis nos premiers émois érotiques : ce ne sont pas les plus jolies filles – seins parfaits, cuisses de nymphes – et les plus beaux garçons – tablettes de chocolat, cul d'acier – qui déclenchent forcément la frénésie de leur entourage.

Quelque chose de mystérieux vient provoquer des tempêtes de testostérone, appelons ça le charme, un charme particulier qui fait d'une femme au physique apparemment quelconque la reine des nuits de débauche et d'un chauve ventripotent l'étalon que chacune convoite. Cette attractivité est liée au savoir-faire érotique des uns et des autres – savoir-faire dont on peut juger instantanément dans le cadre d'une boîte échangiste ou d'un sauna mixte – mais pas seulement... Il y a bien un charme particulier qui se superpose à ce que l'on appelle ici-bas la beauté. Un sourire, un port de tête, une allure générale, quelque chose dans le regard qui suffit à susciter l'intérêt et le désir.

Notre amie Servane Vergy a une théorie radicale, à laquelle nous adhérons. Ce qu'elle dit s'applique aux femmes, mais les garçons en prendront de la graine : « *C'est une question de principe : il faut être sexy et épilée même pour recevoir la factrice, même pour aller faire les courses, même pour récupérer votre petit bout à la crèche. Être tout le temps au top permet de se maintenir dans un état érotique permanent, de frémir du string en croisant les miroirs (qui vous renverront l'image d'une vraie bombasse : vous), et de plaire à votre homme tous les jours que le bon Dieu fait.* »
Ce n'est pas parce que vous avez la bague au doigt qu'il faut vous mettre sur « pause ». Il vous reste au moins une personne à séduire, faites des efforts, elle le mérite.

Séduire

C'est ce charme qu'il faut s'ingénier à conserver toute sa vie afin de rester aimable.

Pour se rassurer, il faudrait essayer de croire que tout est question de volonté et qu'il suffit de décider de rester séduisant pour l'être. Car les « vieux mariés » toujours aussi chauds comme de la braise ont décidé de se séduire l'un l'autre jusqu'à leur dernier souffle, de ne jamais rien tenir pour acquis définitivement, de s'offrir l'un à l'autre cette image qui a déclenché leur premier émoi, d'être toujours belle, toujours beau, jamais médiocre en tout cas dans le regard de l'autre. Et qui n'a, heureusement, rien à voir avec cette absolue perfection des magazines.

Les mystérieux « couples qui durent » ne sont pas composés de gens qui s'idéalisent l'un l'autre, qui vivent dans le déni des défauts de leur partenaire : bien au contraire, ces défauts ils leur arrivent de les apprécier... Sachant que le psychanalyste Didier Lauru affirme : « *On idéalise de toute façon l'autre, c'est comme ça que ça tient ! Tant que l'illusion dure, que l'autre paraît correspondre à ce que l'on cherche (qu'il semble combler nos manques), alors tout va bien quand la réalité prend le pas. Si cette réalité est proche de l'illusion première, alors ça marche. Sinon, ça casse.* »

Le jeu de séduction auquel se livrent les « couples qui durent » tend à éviter que « ça casse » en offrant une réalité bien proche de « l'illusion première ».

GYM SEXY

Il ne suffit pas de décréter que l'on va rester séduisant et jeune... Malheureusement, il faut parfois faire quelques efforts. La forme, ça s'entretient... Mais existe-t-il des formes spécifiques de gymnastique permettant au corps de conserver son potentiel érotique ? Oui, évidemment, et vous les connaissez déjà pour la plupart ! Vous les pratiquez sans doute à chacune de vos séances au club de gym du quartier, simplement on a oublié de vous dire que cela servait aussi « à ça ».

LES FILLES

Pour avoir des seins parfaits, pas de remède miracle ! En revanche il est parfaitement possible de se muscler le buste de manière à faire en sorte « que ça tienne » le plus longtemps possible. La musculation des pectoraux est un grand classique de la gym avec haltères. Allongée sur le sol, bras écartés, vous ramenez vos haltères vers la poitrine, puis tendez les bras vers le ciel. Vos deltoïdes antérieurs vous en remercieront en soutenant davantage encore vos petits nichons mutins.
Quant aux fesses, vous les musclerez grâce à des mouvements de soulevé de jambes, ce grand classique des séances d'abdos-fessiers. À quatre pattes sur le sol, vous tendez alternativement l'une et l'autre jambe à l'horizontale en contractant fortement le fessier... On vous fait faire ça depuis le collège, et vous ne saviez pas que ça servirait à participer à votre épanouissement sexuel et matrimonial !

Mais l'intérieur du corps peut aussi se muscler… Un vagin tonique est le bon instrument des coquines qui font durer le plaisir. Dans un ouvrage fort documenté, *Osez préparer son corps à l'amour,* notre ami Italo Baccardi décrivait doctement la bonne méthode : « *Ces exercices ont été mis au point par le Dr Kegel qui leur a donné son nom. Il s'agissait à l'origine de rééduquer le périnée des femmes qui venaient d'accoucher. La salle de gym, ce sont les toilettes. Installez-vous confortablement. Premier exercice : en faisant pipi essayez de bloquer le jet de votre urine. Normalement c'est facile. Voilà, vous venez de mettre votre pubbo-coccygien en action. Recommencez plusieurs fois. Pour la femme, il est également possible d'introduire deux doigts dans son vagin et le resserrer. Si vous ne sentez rien, c'est signe d'un pubbo mollasson. Une fois le mouvement expérimenté, il suffit de le reproduire (cette fois "à sec" et d'en faire des séries de 10 plusieurs fois par jour. On peut pratiquer sa gym sexuelle n'importe où, au travail, dans les lieux publics, dans les transports en commun, dans une salle de classe…* » Les journaux firent leur gorge chaude d'une nouvelle étonnante au début de 2009 : le président de la République en personne et sa jeune épouse faisaient régulièrement des séances de gymnastique du périnée ! Plus sexy, Ovidie nous conseille l'usage des haltères vaginaux de la créatrice Betty Dodson autour desquels vous ferez votre gym de l'intérieur. Les exercices de Kegel sont en passe de devenir l'une des activités les plus sexy associées au mariage.

LES GARÇONS

Eh bien c'est pareil ! Un peu de gym n'a jamais fait de mal à personne... et pas davantage la gym du périnée qui aura pour effet bénéfique à long terme de permettre de maîtriser son éjaculation. Comme les filles, les garçons prendront conscience de l'existence de leur périnée en allant uriner. Des contractions alternées viendront pour eux aussi participer à la meilleure musculation de la zone. Mais c'est en érection que les garçons comprendront plus aisément à quoi sert cette petite gym intime. Les muscles du périnée en action ont des effets amusants, faire guignol avec son sexe dressé (oh, regarde, il bouge !), mais aussi plus sérieusement à retarder l'éjaculation voire à « gérer » son érection. Et bien plus tard, la musculation du périnée vous garantira un contrôle plus affirmé de votre vessie, ce qui l'âge venant sera toujours bon à prendre.

LE LOOK

Peau, dentition, parfum, choix des vêtements... Tout concourt à une image positive que l'on aurait de soi et que l'on offre à l'autre. Au rang des tue l'amour il aurait fallu ajouter les pantoufles avachies, les peignoirs informes, les pyjamas hideux... Mais vous le saviez déjà. Il est bien difficile de se mettre au lit tous les soirs en costume de princesse, mais il y a un minimum ! D'autant que le costume de nuit a bien des chances d'être celui précisément que l'on ôtera délicatement pour faire l'amour. Le fantasme Bidochon existe certainement, mais il doit cependant rester minoritaire.

Un sondage mené par Opinion Way, réalisé en avril 2009, affirmait que 84 % des sondés prêtaient attention au look de leur partenaire sexuel. Celui-ci faisait partie intégrante des raisons de la séduction, au même titre que la beauté physique ou morale. En changer au cours d'une relation risque d'avoir un effet désastreux, à moins de changer ensemble, de passer progressivement et au même rythme de la version grunge à la version executive boy and girl (si vraiment c'est ça votre trip, mais je vous plains !). Le sociologue Ronan Chastellier affirmait dans le *Monde* du 24 avril 2009, que cette harmonie des looks au sein d'un couple était une sorte de « système sémiotique à deux », voire de « *résistance esthétique face aux mauvaises nouvelles* ». Il concluait en affirmant que « *la recherche de l'harmonie dans le couple peut transparaître à travers un look associé ou commun* ». Pour en revenir au sujet qui nous occupe, un début de désaccord esthétique peut bien se transformer en un désaccord qui aura *in fine* des conséquences au lit.

ET TANT PIS POUR LA PERFECTION...

... car elle est inatteignable. Un corps qui ne changerait pas toute sa vie durant, cela n'existe pas, sauf à avoir recours régulièrement à la chirurgie esthétique, alors oublions ça. D'autant que la beauté plastique n'est qu'un élément de l'attractivité sexuelle d'une personne : elle entre largement en ligne de compte dans la période de séduction initiale de votre partenaire, mais celui-là ou celle-ci vous a déjà emballé depuis bien longtemps, vous connaissez ses petits défauts et d'ailleurs vous avez fini par les aimer. Donc, qu'importe !

Faire l'amour

Est-ce qu'on fait différemment l'amour lorsqu'on est marié ? Non évidemment, sauf que…

Sauf qu'on a tout le temps pour le faire et le refaire, sans se soucier ni du lendemain ni de la performance à tout prix, et ça ouvre des horizons.

Et, surtout, le fait d'être marié ouvre à l'expression de la sexualité un nouvel espace de liberté. Un couple c'est une sorte de bande organisée, qui n'obéit qu'à ses propres lois, sans se soucier de la morale commune ou de l'avis du monde extérieur. Vous n'aviez pas pensé à ça ? Dommage, vous vous privez de l'un des aspects les plus palpitants de la vie matrimoniale.

Il y a pourtant des situations extrêmes qu'il faudra envisager avec prudence. Faut-il « tout se dire » en matière de sexualité ? Et comment envisager sereinement l'adultère ou l'échangisme…

4. l'amour au quotidien...

La sexualité est le langage du couple.
Il y a des couples qui ont épuisé tous les sujets de conversation en une heure passée sous la couette, et d'autres qui « ont encore quelque chose à se dire » au bout de longues années.

L'amour « matrimonial »...

Faire l'amour avec son petit mari ou sa petite femme, ce n'est pas pareil que faire l'amour avec un copain ou une copine de passage. C'est également différent de l'amour avec un concubin, ou une concubine, même de longue date.

Ce bout de papier, cet acte strictement juridique qui ne devrait interférer en rien dans le déroulement de votre vie privée a pourtant des conséquences particulières sur la vie sexuelle des deux personnes qui l'ont signé – pour l'instant un homme et une femme, mais un jour prochain deux personnes du même sexe qui seront passées devant monsieur le maire.
Cette cérémonie, ce livret de famille, la fête, les alliances... tout cela induit un avant et un après qu'il va vous falloir découvrir.

Les différences sont subtiles.

FIDÉLITÉ

Les plus évidentes sont connues : le mariage implique – en principe – une forme de monogamie qui ne doit pas pour autant se transformer en routine ennuyeuse. Soyons clair chère amie lectrice : en principe, si le mec avec qui vous passez la nuit se révèle « un coup lamentable », comme vous dites, il ne vous sera pas possible de trouver immédiatement un autre fuck friend pour pallier ses insuffisances. La « fidé-

lité », comme on disait naguère, fait partie du contrat. Si vous étiez membres du club des serial fuckeuses, il va falloir – toujours en principe – vous calmer et vous faire à l'idée que vous ne pourrez pas éjecter de votre lit ce garçon qui commence à vous ennuyer : c'est votre mari. Vous l'éjecterez peut-être, mais il va y avoir des frais de procédure.
Et il en est de même pour vous jeune homme. Vous avez fait le tour des scénarios érotiques que vous inspirait cette fille, elle s'est révélée plus ennuyeuse que vos nuits torrides pré-maritales le laissaient espérer, mais bon, oubliez pour l'instant la chasse à la blonde, car cette fille est aussi désormais votre légitime épouse.
Il va falloir composer avec cette situation particulière.

Voilà pour les conséquences contraignantes. Ce sont celles auxquelles on pense naturellement dès lors que l'image de la « bague au doigt » et de ses à-côtés intervient dans la conversation. Toutes vos copines ravageuses, tous vos copains don Juan vous l'avaient dit, vous le saviez, vous n'avez pas voulu écouter, faudra pas vous plaindre !

Heureusement, le passage devant le maire a d'autres conséquences, beaucoup plus érotiques, beaucoup plus troublantes, dont nous allons découvrir l'intérêt dans ce guide. C'est d'ailleurs sa seule justification.

Passons sur la première un peu triviale, voire grossière. Le mariage, c'est l'assurance de faire l'amour ! Songez aux 18 % d'hommes et au 23 % de femmes qui selon les sondages ne font jamais l'amour, la plupart du temps parce qu'ils n'en ont pas l'occasion.

Vous cohabitez, vous avez choisi de vivre ensemble sous le même toit, vous vous êtes précisément mariés parce que vous entendiez bien, y compris au lit... Eh bien au lit vous y êtes, ensemble, toutes les nuits, et pas pendus au téléphone dans l'attente du texto qui vous annoncera que l'heure de se faire sauter est arrivée. Vous avez tellement le temps et l'occasion de faire l'amour que ça finirait presque par en devenir lassant, sauf si... Nous découvrirons les vertus oubliées de la routine sexuelle. C'est un vilain mot, mais cela ne manque pas de charme.

AVENTURE ET LIBERTÉ

Mais il y a un autre aspect de la vie conjugale qui est généralement passé sous silence. C'est le corps central de ce livre (et le sujet du chapitre 4). Le mariage permet toutes les folies. Toutes, et particulièrement les folies érotiques et sexuelles dont nous allons dresser un catalogue quasiment exhaustif.

Vous êtes mari et femme !
Qui pourrait se permettre de se mêler de votre comportement sexuel ? Lorsque vous étiez lâchés dans la nature à la conquête du prochain amant ou de la prochaine maîtresse, vos « ex » et parfois vos futur(e)s pouvaient à chaque instant interférer dans vos vies... Et pire encore lorsque vous meniez plusieurs aventures de front.

Ensemble et mariés, vous n'avez de compte à rendre à personne sinon à vous-même.

Votre mariage vous met également à l'abri des interventions amicales ou familiales – certes moins importantes ou pesantes aujourd'hui. N'hésitez pas à profiter de ce statut du mariage qui conserve encore aujourd'hui, auprès des générations précédentes, la valeur d'« entrée dans la vie adulte », pour éloigner les importuns. Vous voici désormais à l'abri de tous commentaires sur votre vie privée, vous êtes mariés, ce que vous faites ensemble ne regarde et ne concerne que vous... D'ailleurs il sera bon de le rappeler rapidement à toute personne de votre entourage qui s'étonnera par exemple que vous vous habilliez « encore » d'une manière ultra sexy alors que vous êtes « casée », et qui se demandera à haute voix « *ce qu'en pense ton mari* »... Le mariage est une sorte de carapace contre l'intrusion, profitez-en !

C'était déjà le cas pour vos grands-mères me direz-vous, qui se mariaient pour échapper à l'emprise de leurs parents. Peut-être, sauf qu'il n'était pas question pour elles d'écumer les boîtes échangistes, les sex-shops, les soirées gay – oui aussi ! –, les grands rendez-vous fétichistes ou les plages naturistes. Toutes choses que nous allons faire en revanche.

Mais oui, qui vous en empêche ? La morale, vos parents, le quand dira-t-on ? Vous êtes mariés, vous avez tous les droits, et plus de compte à rendre à personne. Votre vie sexuelle matrimoniale, loin d'être ennuyeuse, terne et impropre à vous satisfaire, pourrait bien devenir une aventure palpitante, menée à deux avec gaieté. Ce garçon, cette fille, que vous avez choisi parce que c'est – rappelons-le ! – la personne avec qui vous préférez faire l'amour, et avec l'intention de partager sa vie le plus longtemps possible, est évidemment le partenaire idéal pour se livrer à mille folies.

La sexualité, c'est la liberté.
Chaque cadre – l'aventure d'une nuit, la liaison, la vie commune ou le mariage – permet l'expression d'un type particulier de liberté sexuelle. Grâce à cette concession qu'ils ont faite à l'ordre établi en signant « leurs noms au bas d'un parchemin », les jeunes mariés peuvent vivre désormais à leur guise sans avoir de comptes à rendre à personne.

Un bon début, une nuit de noces réussie

Une nuit de noces doit rester ce qu'elle a toujours été, un événement érotique et sensuel qui devrait vous laisser un souvenir éblouissant !
Votre nuit de noces sera le premier acte de cette nouvelle vie. Vous allez encore faire l'amour des milliers de fois ensemble, en essayant d'y trouver chaque fois un plaisir différent, comme durant cette nuit qui vous apparaîtra plus tard comme le prologue de votre nouvelle histoire d'amour. Malheureusement, selon un son-

dage français aperçu sur Internet, 70 % de couples, exténués, ne consomment pas leur nuit de noces ! Un sondage américain, moins pessimiste, laissait tout de même pantois. À la question « avez vous eu des relations sexuelles durant votre nuit de noce », 52 % des personnes interrogées répondaient « oui bien sûr », 39 % avouaient que non, mais il s'en trouvait encore 9 % pour répondre « je ne sais plus »!

Dans un précédent ouvrage intitulé *Osez réussir votre nuit de noces*, nous énoncions une vérité un peu tombée en désuétude : la première nuit partagée par un couple « légitime », le soir de ses noces, mérite qu'on l'organise avec respect. Elle n'a certes plus la même importance qu'au temps de nos grands-mères arrivant vierges au mariage, mais elle devrait retrouver sa force symbolique et devenir une promesse de plaisir intense et partagé tout le temps que votre mariage durera.

Il faut donc l'organiser avec soin. Dans cet ouvrage toujours unique en son genre, nous vous donnions les conseils suivants...

- Ne lésinez ni sur le temps de préparation, ni sur l'argent, votre nuit de noces devra être considérée comme l'un des évènements les plus importants du jour de votre mariage.
- Prévoyez la date de votre mariage en fonction de la date de votre nuit de noces idéale, celle-ci étant calculée à partir du cycle menstruel de Madame, de manière à ce qu'elle n'ait pas ses règles cette nuit-là (ou, si vous désirez concevoir un enfant ce jour particulier, qu'elle se situe durant sa période de fécondité).

- Choisissez parmi vos amis des responsables de la logistique de votre mariage pour vous décharger de toute corvée le moment venu.
- Vous ferez des achats en prévision de cette nuit : lingerie fine, accessoires.
- Le lieu où se déroulera cette nuit devra être un « secret absolu » !
- Vous choisirez ce lieu en fonction de vos fantasmes ou de vos désirs communs.
- Ce lieu ne devra pas être trop éloigné du lieu du mariage et vous vous y rendrez de préférence en taxi.
- Durant la journée du mariage vous ne ferez rien qui ne vienne ternir votre humeur ou compromettre votre forme physique le soir venu.
- Vous louerez de préférence votre chambre nuptiale pour deux nuits consécutives.
- Vous réserverez pour cette nuit une « virginité » à conquérir, au besoin inventez-vous-en une.
- Vous ferez l'amour comme des dieux… Mieux encore si possible.

Vous n'aurez pas de sitôt l'occasion de vous retrouver déguisés en jeunes mariés, et voici le jour où précisément vous l'êtes ! Jouez aux jeunes mariés est bien l'un des fantasmes masculins et féminins les plus répandus. Il se raconte que les bordels proposaient naguère des simulacres de nuit de noces à certains clients, avec bouquet de fleurs d'oranger, voile et jeune épouse rougissante. La nuit de noces est associée à un univers érotique que vous allez explorer pas à pas. Gageons qu'en quelques minutes vous finirez par croire à votre joli jeu. Cette nuit sera l'acte fondateur de votre nouvelle vie sexuelle : plus elle sera torride, agitée, et mieux ce sera pour l'avenir.

L'installation dans la vie amoureuse

Au début, ça fait évidemment un choc, en particulier si les premiers temps de votre mariage correspondent aussi avec le début réel de votre cohabitation. Il est à craindre que cette installation brutale dans un nouveau quotidien vous fasse perdre de vue très vite la raison essentielle pour laquelle vous vous êtes précisément mariés ensemble : faire l'amour. Un emménagement, des travaux, la belle-famille qui pourrait tenter alors de faire valoir ce qu'elle estime à tort être ses droits, tout cela risque de venir vous perturber.

LE DÉCOR DE VOS ÉBATS

Il est temps de planter le décor.
Avez-vous bien regardé le cadre de vos ébats futurs, votre chambre à coucher, le canapé du salon ? Est-ce bien ainsi que vous imaginiez un nid d'amour ?

La chambre nuptiale, puis conjugale, doit être quasiment pensée pour qu'on puisse y faire

l'amour confortablement, tranquillement, sans crainte d'être dérangés, d'être vus ou entendus. Tout commence donc par le choix de la pièce que vous investirez, voire de l'appartement ou de la maison où elle se trouvera. Ce sera idéalement la pièce la plus éloignée de l'entrée de l'appartement, isolée du reste par un sas, selon le principe en vogue des « suites parentales » incluant une salle de bain à l'espace semi-privatif du couple.

Toujours idéalement, la pièce n'aura pas de vis-à-vis, de manière à permettre à ses occupants de faire tranquillement l'amour à la lumière du jour, voire les fenêtres ouvertes pour profiter d'un rayon de soleil...

La pièce sera isolée sur le plan « phonique », ce qui reste plus facile à dire qu'à faire. Sans aller jusqu'à la pose de doubles cloisons isolantes pour constituer une sorte de caisson coupé du bruit du monde, et dans lequel il sera possible de s'agiter et de crier à son aise, vous pouvez tout de même envisager d'installer un beau rideau épais et isolant contre la porte d'entrée, qui aura par ailleurs la vertu d'isoler la pièce du froid, et donc de vous permettre des économies de chauffage. La pièce pourrait fermer à clé, mais ce serait suspect.

Il faudrait un peu soigner le décor, faire des efforts sans toutefois tomber dans la bonbonnière rose, chambre idéale des blondes over-sexy des campagnes américaines. Un nid d'amour doit être débarrassé de tout ce qui pourrait se révéler tue l'amour. Il suffit parfois que le regard croise l'écran d'un ordinateur allumé pour que l'excitation retombe, le crucifix au-dessus de la porte ou les photos de famille

risquent de déconcentrer les amoureux, tandis que le désordre ou le ménage parcimonieusement fait pourraient décourager les plus chaudes ardeurs…
Bref, une chambre à coucher / nid d'amour doit être conçue, décorée et entretenue pour « ça ». C'est à vous seuls de décider si ce sera discret et de bon goût, ou un peu voyant. C'est votre univers… Sans tomber dans l'outrance de la reconstitution maniaque de la chambre japonaise du célèbre bordel le Chabanais à la grande époque, on peut envisager quelques aménagements aussi discrets que pratiques.
Un miroir, une colonne de lit à baldaquin, un tiroir à secret… Ce sont des petites choses, mais qui deviendront vite les complices de vos ébats. Les soirs de folie le miroir « discret » sera placé au bon endroit pour vous offrir une vue panoramique sur les fesses en mouvement de votre partenaire ou vous permettre de découvrir le va-et-vient du sexe de votre mari en quasi gros plan… cela vaut le film X du samedi soir. Quant à cette colonne, elle sera idéale pour vous attacher un peu, avec des menottes en fourrure ou des foulards, pour jouer au viol de la prisonnière ou à l'interrogatoire du suspect – mais si, vous voyez très bien ce que je veux dire. Et le tiroir discret servira à ranger tous ces petits objets, compagnons de vos jeux intimes.

Faire souvent l'amour

Faire l'amour entre mari et femme a quelque chose de particulier, déjà évoqué... Chaque « rapport », comme on dit, s'inscrit dans la longue chaîne des câlins. La recherche de la perfection, de l'orgasme planétaire et partagé, est évidemment au programme, mais parfois un simple frisson est déjà le signe d'un moment parfait. Parce que sans doute on pourra recommencer demain, parce que si c'est un peu moins bien aujourd'hui c'était parfait hier, parce qu'on se connaît de mieux en mieux, parce qu'on peut se permettre entre vieux amis des relâchements ou des épanchements qu'on n'oserait pas avec un amant ou une maîtresse de passage.

Selon une enquête intitulée « Le sexe et vous » publiée en 2007, 76 % des Français ont actuellement un partenaire dans leur vie. Ils ont en général une à trois relations sexuelles par semaine. 62 % d'entre eux sont dans ce cas, et 20,9 % des Français en ont trois à cinq. Le sexe est important pour 82,6 % des Français, et même « très important » pour 36,6 %, voire « essentiel » pour 14 %. Les Français sont d'ailleurs 26,5 % à considérer comme « insupportable » l'idée de ne pas faire l'amour pendant plusieurs mois, et 47 % à trouver cela « gênant ».

Pour peu que les deux partenaires restent le plus longtemps possible sur la même longueur d'onde, le mariage permet d'avoir une sexualité épanouie, dans l'instant et dans le temps.

PROFITONS DES BIENFAITS DE LA ROUTINE

Restons-en au chiffre du nombre de rapports. Trois à cinq fois par semaine, cela fait de 150 à 250 rapports par an, autant dire que même le couple le plus imaginatif, sportif et déluré ne pourra pas varier les plaisirs à l'infini.

Notons d'abord que c'est beaucoup ! Simplement beaucoup. Songez chers don Juan débutants, chères célibataires endurcies, à combien de dîners, de soirées en boîtes de nuit, de séjours prolongés au bord d'une piscine, de soirées à pianoter sur Meetic, voire de visites en clubs libertins vous êtes condamnés pour arriver au même résultat.

Certes, vous réussirez peut-être à coucher chaque fois avec une femme ou un homme différent, avec ce plaisir particulier que procure la diversité et l'aventure, mais que de fatigue pour arriver à ces « trois fois par semaine » qui constituent la moyenne nationale des couples constitués… Le mariage a du bon. Profitez-en !

« *Le mariage doit incessamment combattre un monstre qui dévore tout, l'habitude* », écrivait Honoré de Balzac, dans sa *Physiologie du mariage*. Et encore Balzac était-il un des auteurs de livres qui donnait quelque importance à la réelle harmonie sexuelle au sein des couples. Pour la plupart de ses contemporains, il s'agissait d'un luxe superflu.

Pourtant, disons-le, en matière sexuelle, l'habitude est une bonne habitude !

Il est temps de faire l'éloge de la routine sexuelle, du câlin du samedi soir, du dimanche matin ou du jour du cours de judo des triplés. Car la routine est en tous points supérieure à l'abstinence ! L'une des principales qualités de la routine est bien d'exister ! Faire l'amour de manière routinière, c'est faire l'amour. Faire l'amour tous les samedis soirs à la même heure, c'est encore faire l'amour. Faire l'amour encore et toujours dans la même position, c'est encore et toujours faire l'amour...

... et surtout faire l'amour bien plus souvent que la plupart des couples. Faire l'amour beaucoup, c'est ce donner l'occasion de faire l'amour de mieux en mieux... Même les sondages le disent : **pour 35 % des Français, la meilleure façon d'améliorer leur vie sexuelle serait de faire plus souvent l'amour.**

La sociologue Patricia Delahaie, spécialiste des rapports au sein du couple – elle a notamment écrit *Ces amours qui nous font mal* – fait l'éloge de la routine matrimoniale en général. « *La routine est inévitable. Elle est même souhaitable. C'est ce qui donne un confort de vie, de relation à deux. On est content de se retrouver pour des rituels, un plateau télé, des week-ends toujours un peu sur le même modèle. Les couples heureux ont plus de routine en commun que les autres (près du double). Ce qui est dangereux dans la routine, c'est qu'on peut finir par vivre l'un à côté de l'autre sans se voir, sans échanger.* »[1]

1. Interview donnée au *Journal des femmes* à l'occasion de la parution de l'ouvrage *Comment s'aimer toujours* aux éditions Leduc.s en 2006.

La routine est la garantie de la continuité d'une vie sexuelle... Ce ne sera pas suffisant pour qu'elle soit exaltante, voire extravagante, mais la routine est une première étape, le signe qu'on a « toujours envie », et que ce doit être au moins satisfaisant pour l'un des partenaires, sinon il y a belle lurette que Monsieur et Madame y auraient renoncé.
Il n'y a rien de plus instructif que la routine. Il ne faut pas la voir comme la répétition à l'infini de gestes dépourvus d'intérêt, mais comme la reconstitution à l'infini d'une scénographie de plus en plus raffinée, de mieux en mieux maîtrisée, destinée à aboutir à un plaisir aussi renouvelé qu'identiquement parfait...

LES MOTS...

Le plaisir est dans l'attente, il commence déjà dès que le signal est donné : il est temps ! Écoutons de manière très indiscrète le témoignage d'un dénommé Charles Swann, retransmis par son ami Marcel.
La courtisane Odette de Crécy, l'héroïne de *À la recherche du temps perdu*, de Marcel Proust, possède « un petit hôtel », rue de la Pérouse, payé à la sueur de tout son petit corps. C'est dans cet écrin que Charles Swann fait sa conquête. Un soir il fait mine d'arranger les cattleyas – des orchidées, en plus chochotte – que la jeune femme arbore sur son corsage, un geste en entraînant un autre, il lui caresse la poitrine, et le reste arrive naturellement. Le prétexte des fleurs dérangées devient un rituel. « *de sorte que, pendant quelques temps, ne fut pas changé l'ordre qu'il avait suivi le premier soir, en débutant par des attouchements de doigts*

et de lèvres sur la gorge d'Odette et que ce fut par eux encore que commençaient chaque fois ses caresses ; et, bien plus tard quand l'arrangement (ou le simulacre rituel d'arrangement) des cattleyas, fut depuis longtemps tombé en désuétude, la métaphore "faire catleyas" devenue un simple vocable qu'ils employaient sans y penser quand ils voulaient signifier l'acte de la possession physique… »

On connaît la charge érotique propre à l'usage du vocabulaire codé au sein d'un couple. On peut dénoncer la mièvrerie des petits mots doux, mais il ne faut jamais négliger la chaleur intense que déclenche l'usage des petits mots crus. Ainsi chaque femme utilise dans le secret de sa chambre son propre vocabulaire imagé pour désigner son sexe, celui de son homme en érection, la pénétration, voire la fellation ou la sodomie….

L'usage de ces petits mots apparemment sans signification – et qui de fait n'en ont aucune pour autrui – agit comme un déclencheur. « *Tu viens t'occuper de l'animal* », ou « *chéri, il serait temps que nous allions nous changer* », « *c'est l'heure d'aller faire dodo* », toutes ces phrases, sibyllines ou apparemment ridicules, sont destinées à tromper la curiosité d'un enfant ou simplement à envoyer un message d'alerte à son partenaire…
« *Je suis chaude comme la braise, viens vite !* »
Vous n'avez jamais utilisé ce genre de code secret, ces petits mots qui suffisent à déclencher les prémices du désir ? Il est temps !

Cherchez bien, fouillez vos souvenirs… Emparez-vous du vocabulaire des amoureux d'antan, préparez-vous physiquement et mentalement à ces circonstances, donnez-vous « rendez-vous » dans la journée, un texto, un mail au contenu incompréhensible à d'autres que vous, un petit coup de fil, des mots doux, des promesses… et le « petit coup vite fait » prendra des allures de belle aventure romantique – et sexy évidemment.

LES CIRCONSTANCES...

Il y a deux formes de routines, celle que l'on subit et celle que l'on se crée. En matière sexuelle, les deux sont sources de plaisir. Dans les deux cas cela porte un nom : un rendez-vous galant. On se donne rendez-vous à date et heure fixe, seule la raison qui pousse à choisir cet instant change.

C'est maintenant ou jamais, on est presque obligés… Faire l'amour tout à son aise en profitant de la totalité de l'espace de sa chambre et de son appartement, sans crainte d'être dérangés par les enfants, la famille, les voisins, les collègues si votre appartement vous sert aussi de lieu de travail, faire l'amour nécessite de jouer du bon timing.

Il y a dans la semaine de la plupart des couples de ces « bons moments », vite repérés, vite investis, qu'il serait bien stupide de laisser passer, cette fin d'après-midi où les enfants vont faire du sport. Certes, après, il ne faudra pas oublier de se rhabiller en vitesse pour aller les chercher à la piscine, mais il faut absolument en profiter, comme des jours où miraculeusement vos deux emplois du temps vous laissent un battement au même moment, avec la possibilité de vous retrouver. Ce sera plus tard au nombre des meilleurs souvenirs intimes de votre mariage.

Cette routine imposée par un temps dont vous n'êtes pas les maîtres va vite structurer votre vie sexuelle et sera la source de plaisirs évidents et toujours renouvelés, malgré les apparences. Il y a un côté un peu sauvage, quick-sex, dans ces rendez-vous volés à l'existence. Vous n'avez que quelques minutes, il faut aller à l'essentiel, à ces gestes, ces situations, ces caresses, dont vous savez qu'à coup sûr ils vous procureront du plaisir.

Profitez absolument de ces moments où la sexualité vous est quasiment « imposée ». Ce sont durant ces instants, souvent brefs, que vos deux corps sauront le mieux se retrouver. Ce temps volé à la vie deviendra vite une drogue dure, car le bonheur est aussi dans l'attente, dans l'espoir du plaisir annoncé...

LES GESTES...

Cette routine, souvent décriée, se manifeste parfois – entendons-nous bien, parfois ne veut pas dire toujours ! – par la répétition des mêmes gestes.

Dans le vocabulaire érotique cela s'appelle des préliminaires, des positions, des caresses. Dans le cadre particulier de la sexualité « à heure fixe », vous découvrirez bientôt quelles sont vos manières personnelles d'arriver à l'essentiel... Pressés par le temps, vous êtes aussi pressés d'atteindre le plaisir et bien vite vos deux corps vont d'eux-mêmes imposer une sorte de chorégraphie intime, une gestuelle parfaite que vous reproduirez avec délice, en sachant que le plaisir viendra... Pascal Duret, dans un ouvrage intitulé *Le couple face au temps* (Armand Colin, 2007), affirme : « *Chercher le plaisir corporel de l'autre permet de découvrir son propre corps et son propre rapport au plaisir. Faire l'amour revient vraiment à le fabriquer, comme un ébéniste fait un meuble, comme un artisan maçon fait une maison ; c'est travailler sa forme, sa résistance, ses textures, apprendre à reconnaître peu à peu le corps comme le bois ou la brique sous ses doigts et en découvrir toutes les nuances. Voilà pourquoi l'amour a besoin de répétition pour s'affiner et s'épanouir.* »

La « répétition nécessaire » trouve le cadre idéal pour s'exprimer. Soyons plus précis !
Dans son guide à l'usage des coquines, *Osez les conseils d'une experte du sexe*, Servane Vergy disserte sur ce que les hommes considèrent comme leur position favorite : « *Les hommes sont très visuels. Ils ne choisissent pas seulement une position en fonction du plaisir qu'elle leur procure mais aussi en fonction de ce qu'ils voient ; ils ont souvent une préférence pour l'une ou l'autre partie du corps de leur chérie : seins, fesses, hanches, visage... et qui les fait rêver. S'il fantasme sur votre petit derrière, il y a fort à parier qu'il préférera la levrette ou l'amazone inversée (vous vous asseyez sur son sexe en lui tournant le dos, c'est-à-dire en lui présentant votre croupe et votre chute de reins). Il se plaira aussi à vous faire l'amour debout, vous face au*

mur, au bar, au radiateur, à l'évier ou tout ce qui vous plaira, les reins cambrés sur son sexe. La position dite "de la petite cuillère", où il vous prend sur le côté, a beau avoir la réputation d'être assez "pépère", elle met en valeur toutes les croupes et les hanches, qu'elles soient généreuses ou pas. »

À vous de voir madame si cette « position favorite » est aussi la vôtre, en particulier si cette position doit se répéter souvent lors de ces « petits coups vite faits » qui seront une part importante – et terriblement délicieuse – de votre vie sexuelle.

Rien de plus déprimant, de plus ennuyeux en apparence que cette morne répétition de gestes ? Mais qui vous parle de gestes ennuyeux ? Durant ces quelques minutes, pendant lesquels vos corps sont entièrement abandonnés au plaisir – vous savez que rien ne devrait le troubler – vous enchaînerez sans doute « cette petite caresse qu'elle adore », un baiser justement placé, un doigt qui effleure ce qu'il faut, puis viendra sans doute la pénétration, avec pour finir cette position quasiment parfaite, la vôtre, adaptée à vos anatomie, celle qui permet à votre cuisse de frôler son clito, celle qui permet la stimulation parfaite du point G, celle que vous considérez l'un et l'autre comme la plus érotique... Arriver à cela en cinq minutes, sans se tromper, sans défaillir, c'est l'une des vertus de la routine.

C'est le terme employé qui pourrait finir par devenir « tue l'amour ». Cette routine consubstantielle à l'érotisme au sein des couples mariés devrait porter un autre nom : la recherche de la perfection, la quête du plaisir parfait.

Avouez qu'il y a des manières plus déprimantes d'occuper ces quelques minutes qui séparent le moment où le réveil a sonné de l'heure à laquelle vous devez réellement vous lever.

TOUS LES AUTRES JOURS.

Et puis il y a tous les autres jours, toutes les autres fois, toutes les autres occasions.
La routine c'est bien, mais ne nous en contentons pas !

Nous avons déjà découvert quelques-uns des petits secrets des couples mariés :

Ils ont décidé, dès la nuit de leur noces que faire l'amour sera l'une de leurs activités favorites, aussi cette nuit de noces fut-elle organisée avec soin.

Ils ont organisé le décor de leur appartemont matrimonial en fonction de leurs nombreuses activités sexuelles à venir.

Ils ont décidé de profiter de chaque instant pour faire l'amour, transformant la « routine » en rendez-vous galant, érotique et plus agréable de jour en jour.

Mais cela ne suffit pas à leur bonheur.

Car attention, l'ennemi guette !

5. l'amour de l'aventure…

Place à l'aventure ! Tout est permis lorsqu'on est marié !

La sexologue Mireille Bonierbale, interrogée par la revue *Psychologies* en novembre 2006, affirmait : « *La dimension ludique de la sexualité est essentielle. La jouissance s'intensifie avec la créativité personnelle. Ne rien s'interdire, ne rien s'imposer.* » Rappelez-vous également de ce désir d'inconnu et de nouveauté que décrivait le psychanalyste Jean-Pierre Winter…

Créativité, inconnu, nouveauté… C'est précisément notre programme.

Vous êtes mari et femme. Vous n'avez de compte à rendre à personne, encore moins qu'avant. Vous êtes majeurs et vaccinés et de surcroît unis par ces liens du mariage qui vous permettent d'oublier encore un peu plus le jugement du monde extérieur. Le côté « couple légitime » a quelque chose de ringard et d'agaçant, eh bien pas pour vous !
Considérez cette petite formalité administrative comme ce qu'elle était autrefois pour vos grands-parents, une autorisation donnée officiellement de n'en faire qu'à votre tête au fond du lit.

Tout, nous voulons tout

ET D'ABORD PARLONS-EN !

« *Ce ne sont pas ceux qui en parle le plus qui le font le plus souvent* », vous connaissez cette expression idiote qui laisserait entendre que la sexualité ne s'épanouit que dans la discrétion. « En parler » est au contraire une excellente idée, c'est d'ailleurs l'une des principales missions que ce sont donnés les guides de la collection Osez. Ils permettent évidemment de se « donner des idées » mais ils sont surtout un instrument de communication au sein des couples. On les laisse traîner sur les tables de nuit, on les ouvre au hasard et puis de la conversation qui s'ensuit, sur la fellation, la sodomie, la fessée, l'amour à 3, 4 ou 5, peut dériver rapidement autre chose, une interrogation sur ses propres désirs, individuels et communs, et c'est le début d'une autre sorte de conversation qui peut vous entraîner loin.

Parlons ensemble de nos mille désirs, même les plus étranges. Le Docteur Didier Lauru, psychanalyste-psychiatre à l'université Paris VII affirme : « *Bien évidemment, la clé, c'est la communication ! Il faut se parler ! Le fait de connaître quelqu'un depuis longtemps ne veut pas dire que l'on connaît tout de ses désirs... L'idéal est d'arriver à se dire des choses sur ces satisfactions et insatisfactions, sinon ça n'a pas d'intérêt ! Il est important de se trouver des actions communes et d'essayer de passer du temps ensemble. C'est très important de ne pas être d'accord, et c'est en parlant qu'on sait que l'on n'est pas d'accord.* »[1] Encore faut-il savoir de quoi parler. Exprimer des désirs n'est possible que pour ceux et celles qui ont quelques vagues idées de ce qu'ils souhaiteraient connaître. Connaître sexuellement, évidemment !

C'est décidé, on va se dévergonder, adieu la routine sexuelle, on va faire des bêtises. Mais que choisir ? Voici quelques propositions de pistes de réflexions.

Entrons dans l'univers des petites folies, de ces changements progressifs ou imprévus qui vont enjoliver vos rencontres sous la couette. Considérez votre couple comme une sorte de club dont les deux membres

1. Didier Lauru, *Tomber en amour*, Éres, 2001.

auraient pour objectif de se lancer dans toutes sortes d'aventures terriblement excitantes.

Les échangistes se sont appropriés une expression amusante : la « sexualité récréative », pour la distinguer de la sexualité considérée – par eux – comme banale, celle qui se pratique à la maison. Assez ! Pourquoi faudrait-il que la sexualité conjugale ne soit pas elle aussi « récréative » ? Dès lors qu'il n'y a pas d'arrière-pensées procréatrices dans l'air, la sexualité est d'ailleurs uniquement récréative. C'est un jeu. Un jeu qui n'est pas toujours sans enjeu. En dehors du simple plaisir des sens, un couple peut faire l'amour pour toutes sortes de raisons, des plus futiles aux plus obscures : pour résoudre un conflit, pour se faire pardonner un mensonge, pour éviter de faire autre chose de plus ennuyeux... Mais en temps normal il s'agit plutôt de se faire plaisir, mutuellement dans le meilleur des cas, ou égoïstement chacun de son côté ce qui est déjà un bon début.

Les grands rendez-vous

Le plus souvent possible, vous allez vous réserver une après-midi, une journée complète, voire un week-end de liberté totale dans un décor parfait. Mais vous pourrez « partir à l'aventure », comme des marins en bordée, vous verrez, ce sera très amusant.

Cela pourra aussi simplement se dérouler dans votre appartement, mais dans ce cas-là il sera vidé – symboliquement – de tout ce qui pourra constituer une entrave à votre plaisir. Les ordinateurs seront éteints, comme la télé – sauf pour regarder un film X choisi pour l'occasion –, la cuisine ne demandera aucun effort, le ménage aura été fait, personne ne viendra vous déranger. Votre appartement deviendra une île ou un bateau où vous vivrez nus et heureux, le temps qu'il faudra... Peut-être déciderez-vous de descendre à terre pour prendre un verre en terrasse, comme si votre quartier devenait un lieu de vacances.

C'est cela que les psys des magazines féminins appellent « se retrouver ». Et alors au lit, adieu routine ! Vous avez tout le temps, vous vous l'êtes donné ! À vous les préliminaires délicieux, les positions extravagantes, les folies érotiques. Ces « grands rendez-vous » seront des moments intenses. Vous les avez attendus des jours et des jours, organisés, préparés. Dans le *Journal d'une femme de chambre* d'Octave Mirbeau, la jeune Célestine découvre l'état de la chambre de ses maîtres au lendemain de ce genre de « rendez-vous ». « *Et quelle nuit !* », raconte Célestine, « *il fallait voir le lendemain le cabinet de toilette, la chambre, le désordre des meubles, des linges partout, l'eau des cuvettes répandues sur les tapis... Et l'odeur violente de tout cela, une odeur de peau humaine, mêlée à des parfums...* » La grande glace du cabinet de toilette doit jouer son rôle dans les folies patronales : « *Souvent, devant la glace, il y avait des piles de coussins effondrés, foulés, écrasés, et de chaque côté, de hauts candélabres...* » « *Ha il leur en fallait des micmacs à ceux-là !* », conclut

Célestine... Mais oui, et c'est à cela que devra ressembler votre propre chambre après la fin de l'une de ces après-midi.

Ce que devrait receler toute chambre conjugale...

Avant de nous lancer dans cette grande aventure nous devons nous équiper un peu, en souhaitant que prochainement on puisse déposer sa « liste de fantasmes » au BHV ou aux Galeries Lafayette comme on le fait déjà pour des listes de mariages ou de PACS. L'idéal serait donc d'avoir en permanence à portée de la main :

- De beaux draps de lit composant un cadre de qualité (virez par avance les poupées folkloriques et les couvre-lits en patchwork – sauf pour le fantasme seventies...).
- Des miroirs, un sur pied, d'autres pouvant être décrochés des murs des autres pièces pour venir se poser autour du lit.
- Des rideaux, un paravent, des voilages, tout ce qui permettra de redécouper l'espace de votre chambre ou de tout autre endroit.
- Des coussins en abondance.
- Parfums, huile de massage, encens, bougies parfumées, lampes diffusant une lumière douce, spots.
- Maquillage, plumes, bijoux fantaisie, déguisements divers, tissus d'ameublement.
- Sous-vêtements coquins, vêtements de cuir...
- Masque, bandeau, foulard, paire de menottes, préservatifs masculins et féminins.
- Vidéos X, magazines érotiques, une solide bibliothèque de curiosa et d'écrits érotiques.

Mais le fin du fin en la matière est l'organisation de week-ends hors de la maison. Libérés totalement des contraintes du quotidien, partez vous installer dans un hôtel de votre région, pas trop loin pour éviter de voir votre bonne humeur fondre au premier embouteillage. Louez une chambre dans un village, une auberge, un bord de mer tranquille, de manière à ne pas être trop tentés d'en sortir... De plus en plus d'hôtels se spécialisent dans la nuit de noces, ce qui est valable pour de jeunes mariés le sera aussi pour des mariés plus anciens, faites leur confiance, le décor des chambres sera à la hauteur de vos attentes.

Dévergondage...

Se dévergonder, un mot qui appartient à un vocabulaire suranné. C'est pourtant ce que nous allons vous suggérer. La vie sexuelle d'un couple marié, loin d'être un lieu clos voué à l'ennui, doit devenir une sorte de vaste terrain d'expérience. Nous l'avons déjà dit et nous le répétons : vous avez tous les droits en la matière ! Sauf de vous nuire l'un à l'autre. L'infidélité, puisque vous avez choisi d'y renoncer, la violence... les interdits réels se comptent sur les doigts d'une main. Dès lors que vous ne poussez pas votre partenaire à se livrer à des actes qu'il réprouve, tout est permis !

Rien que d'y penser, et la vie matrimoniale prend un autre goût ! Et l'exemple vient de haut, Christina Aguilera n'ayant-elle pas déclaré : « *J'ai une chance incroyable d'avoir un mari comme Jordan. Entretenir notre mariage est l'une de nos priorités. [...] On fait en sorte de continuer à faire l'amour le plus souvent possible : c'est indispensable pour garder le mariage vivant après l'arrivée d'un enfant. [...] Au lit, on s'accorde souvent des petits jeux sexuels pour corser un peu nos rapports !* »

Mais par quoi commencer ?
Notre couple témoin hésite. Madame aurait bien voulu aller immédiatement visiter une boîte échangiste ou faire l'amour dans la boue après un simulacre de combat de catch, tandis que Monsieur aimerait aller au sex-shop du coin pour se gaver enfin d'images pornographiques en galante compagnie – ce qui fait tout de suite plus classe !
Voici quelques suggestions, à vous de les adapter à vos envies.

Ce soir on essaie les 36 positions...

« *Enfin, on va commencer par les douze premières et puis à raison de douze par soirée, après-demain on en aura fait trente-six...* »

C'est une proposition absurde, mais ô combien amusante. N'oubliez pas, vous avez « toute la vie » pour faire l'amour, alors pourquoi ne pas consacrer une, deux, trois ou quatre soirées à faire des essais.
Rien de moins érotique en apparence, cela reviendrait à confiner l'acte sexuel au rang d'une sorte de gymnastique un peu ennuyeuse, avec ses figures imposées, ses gestes calibrés à reproduire à partir de fiches ou de catalogues... Mais c'est ça qui est amusant ! Jetez-vous sur les manuels qui encombrent par centaines les rayons des librairies, tous ces catalogues de positions, tous ces Kama-Sutra illustrés... Vous allez faire des découvertes, quelle que soit votre immense expérience de l'amour.

QUEL INTÉRÊT ?

Vous découvrir davantage !
Une nouvelle position, c'est souvent une nouvelle sensation, un nouvel angle sous lequel on découvre le corps de son partenaire de lit, un nouvel angle aussi de pénétration, qui peut vous faire découvrir à l'un ou à l'autre des sensations encore inédites – le point G, ce Graal de la sexualité féminine, est souvent réellement découvert au hasard de ces changements d'angles et de postures.
Aucun couple, sinon des contorsionnistes faisant leur numéro dans un cabaret libertin, ne pourra mettre en pratique toutes les positions de l'amour au cours d'une seule étreinte. D'ailleurs, cette gymnastique se révélerait aussi fatigante qu'ennuyeuse, mais l'étude de chacune des possibilités offertes par la nature vous per-

mettra de découvrir bien vite où vont vos préférences. C'est un jeu ! Un simple jeu, qui n'a guère de rapport avec ce que l'on appelle « faire l'amour », mais le moment venu le jeu cesse, et vous entrez dans le vif du sujet, quand vous avez trouvé la position idéale, celle qui vous entraînera l'un et l'autre jusqu'au bout de votre plaisir.

... ET POURQUOI FAIRE ÇA LORSQU'ON EST MARIÉS ?

Parce que vous avez toute la vie devant vous, parce que ce que vous allez apprendre là vous le réessayerez ensuite avec ce même partenaire de découverte, parce qu'il est plus facile de se livrer à des acrobaties parfois ridicules avec un homme ou une femme avec qui vous vivez une relation d'intense intimité – et même au-delà du ridicule ! Regardez-vous dans la glace : c'est sexy, la brouette japonaise ? Vous pouvez faire dans votre chambre nuptiale des petites choses que vous n'auriez pas osé imaginer avec un amant de passage ou même avec une copine à temps partiel.

COMMENT ?

Il faut évidemment que la chose soit un peu préméditée. Vous avez près de votre lit une pile d'ouvrages un peu coquins, c'est d'ailleurs là que vous rangez l'intégralité de la collection Osez... Feuilletez ensemble, rêvez à haute voix, faites des projets. Parler d'amour, de l'amour qu'on va faire, est

un magnifique exercice de communication. Combien d'occasion avez-vous dans la vie de bavarder de choses aussi intimes ?
> Lire : Marc Dannam & Axterdam, *Osez... le Kama-Sutra*, La Musardine
365 positions, éditions La Martinière

Ce soir on se met en scène...

Une certaine théâtralité n'a jamais nuis à aucune activité. Les grands de ce monde nous en donnent régulièrement l'exemple en mettant en scène le moindre de leurs déplacements comme si le sort de la planète en dépendait. Vos nuits d'amour n'ont jamais manqué d'intérêt, mais il est temps de leur donner encore un peu plus de saveur en les organisant comme s'il s'agissait des célébrations du Bicentenaire de la Révolution ou de l'inauguration du Viaduc de Millau. Nous allons profiter de la leçon et organiser une belle mise en scène pour les ébats.

QUEL INTÉRÊT ?

Les fantasmes qu'on réalise sont les plus agréables. Pourtant l'expérience démontre qu'il est parfois difficile, comme nous le verrons plus tard, de se laisser aller à tous ses désirs sans risque. Il reste alors l'ersatz ! Faire l'amour avec une princesse orientale, connaître les délices des nuits vénitiennes à l'époque de Casanova, faire l'amour comme à l'age des cavernes... Rien de plus simple, pour peu qu'on prenne le temps de préparer le décor et les costumes de la soirée.

... ET POURQUOI FAIRE ÇA LORSQU'ON EST MARIÉS ?

Mais parce que la routine – dont nous avons décrit par ailleurs les bienfaits – n'en reste pas moins la routine. Se mettre en scène revient à ouvrir de nouveaux horizons à votre couple, à vous faire endosser des rôles, à vous donner l'illusion de faire l'amour avec un ou une autre. Ce sont des sensations dont la fidélité qui fait partie en principe du bagage matrimonial vous prive évidemment. Vous vous donnerez l'illusion de découvrir une nouvelle partenaire, un nouvel amant... pour finir par retrouver celui ou celle avec qui vous vous entendez déjà si bien.

COMMENT ?

Il ne faut pas lésiner. Créons l'illusion !
On change de look. Qu'importe le costume lorsqu'on sait que l'on finira nu ? Mais il importe au plus haut point, au contraire ! Et ceci en deux circonstances : si vous l'enlevez pour faire l'amour et si vous le gardez pour faire l'amour... Votre déguisement du moment,

choisi pour illustrer un fantasme en accord avec votre humeur et le décor de vos ébats, devra être un peu pénible à enlever pour que vous ayez le temps d'en profiter. Des corsets à lacets, des chemises avec des boutons par dizaines, des bottines, des dessous qui s'accumulent...

Quant au décor !

Ne croyez pas que cela soit difficile ou uniquement ridicule. Imaginez votre chambre tendue de draps rouges qui la transforment en boudoir intime. Des bougies parfumées ont remplacé l'éclairage habituel créant des zones d'ombres où vous vous dissimulerez en attendant votre heure. Vous avez ramené du salon ce fauteuil Louis XVI qui d'ordinaire ne sert à rien, le champagne doit bien être au frais quelque part... Dans cette ambiance sulfureuse, Madame se livre au strip-tease langoureux dont Monsieur aura toujours rêvé. Ne vous inquiétez pas, elle saura faire exactement ce qu'il faut pour vous envoyer au ciel, quand bien même l'avez-vous déjà vue nue des milliers de fois...

C'est un exemple, mais vous comprenez le principe. Reste à savoir qui de vous deux, l'un ou l'autre seul ou les deux en même temps, préparera le décor. L'idéal serait que Monsieur s'occupe du décor – non pas parce que Madame est nulle en bricolage, mais parce qu'elle va faire des efforts autrement plus complexes pour emballer son délicieux petit corps. Le temps qu'il passera à décorer la chambre en bordel suffira à peine pour enfiler les bas, les jarretelles et les guêpières...

> Lire : Violetta Carpentier, *Osez... le strip-tease*, La Musardine

Ce soir on fait l'amour « partout »

Soyons immodeste, un ouvrage de cette collection est déjà un grand succès de librairie, c'est *Osez faire l'amour partout sauf dans un lit*. Vous avez acheté cet ouvrage en grand nombre pour en suivre les conseils. Merci, je n'ai donc plus rien à vous apprendre, sinon vous conseiller de persévérer. Faire l'amour partout sauf dans un lit est une aventure aussi exaltante, érotique et plaisante que facile à mettre en œuvre.

QUEL INTÉRÊT ?

Parce que pour briser la routine d'une activité sexuelle, c'est encore le moyen le plus radical : changer de décor – après qu'on a épuisé la rubrique « changer de position » et largement avant de choisir de « changer de partenaire ». Mais également parce que ce changement de décor apporte un piment particulier à vos ébats, celui du danger, du risque de se faire surprendre. Un risque que vous affronterez avec courage et détermination, puisque vous êtes ensemble.

… ET POURQUOI FAIRE ÇA LORSQU'ON EST MARIÉS ?

Parce qu'il est plus rassurant d'aller faire l'amour sur une plage isolée ou un parking d'autoroute

en compagnie d'un homme ou d'une femme à qui on a fait suffisamment confiance pour l'entraîner devant le maire.
Nous insisterons souvent sur cet aspect des choses : la relation de confiance qui s'est matérialisée par un mariage, avec les différentes formes de « mises en commun » que cela implique, est une condition idéale pour se laisser aller en toute quiétude à des activités sexuelles un peu extrêmes, ou simplement inhabituelles. Votre mari ou votre femme sera toujours votre complice, même dans les circonstances les plus absurdes, alors qu'un amant de passage ou un simple bon coup pourra se désolidariser, ou vous « juger mal » au cas où la situation prendrait un tour ridicule ou un peu dangereux. Au sein d'un couple marié il est inutile de redéfinir le contrat de confiance qui doit obligatoirement lier deux amants qui se lancent dans des aventures sensuelles compliquées, puisque leur mariage en tient déjà lieu. Et si ce n'est pas le cas, divorcez !

COMMENT ?

Il faut choisir l'endroit et se préparer à agir. Ou ne pas se préparer du tout ! Car – croyez-moi sur parole ! – la décision de faire l'amour dans un endroit absurde peut vous prendre à tout moment. Ce qui importe c'est d'être d'accord pour tenter l'expérience dès que l'occasion se présentera.
Faire l'amour sur la plage est sans doute l'une des choses les plus délicieuses qui puisse arriver à un couple. Il suffit d'avoir une bonne serviette épaisse pour éviter tout contact avec le sable et de découvrir la plage

déserte, cet instant où une plage d'ordinaire encombrée est miraculeusement vide... Mais il faut se décider vite, et s'attendre à devoir s'arrêter aussi vite qu'on a commencé. De même dans la nature, la clairière que vous avez choisie pour vous amuser ne restera peut-être pas longtemps déserte... Votre voiture sur un parking, une rue sombre, votre balcon à la nuit tombée, à vous de choisir, faites vite !

MAIS ATTENTION :

N'oubliez pas le Code pénal qui, dans son article 222-32 met hors la loi « *l'exhibition sexuelle imposée à la vue d'autrui dans un lieu accessible aux regards du public* ». Il pourrait vous en coûter une amende de 15 000 € – eh oui, quand même ! – et un an de prison. De plus, si vos débordements ont lieu au vu et au su d'enfants, vous pouvez tomber sous le coup d'une accusation d'incitation de mineurs à la débauche, et alors là ! La peine maximalle est de 10 ans de prison et 150 000 € d'amende.
> Lire : Marc Dannam, *Osez... faire l'amour partout sauf dans un lit*, La Musardine

Ce soir on se masturbe – oui, et ensemble !

La masturbation, ce douloureux problème ! C'est sans doute l'activité sexuelle la plus universellement répandue. Les résultats des multiples sondages portant sur la sexualité des Français et des Françaises sont généralement convergents : plus de 90 % des hommes se masturbent et plus de 80 % des femmes en font autant. Et pourtant cette activité délicieuse reste décriée, honteuse, inavouable.
Il faut encore rappeler ici les vertus de la masturbation en général. Cela fait plaisir, ce qui est déjà énorme, mais pas uniquement. La masturbation reste à ce jour la meilleure école pour la découverte de son corps et de son aptitude au plaisir. Se masturber, seul dans sa chambre ou dans la salle de bain, est déjà une source évidente de satisfaction, se masturber ensemble devient une activité particulièrement attractive...

QUEL INTÉRÊT ?

Vous masturber en présence de votre petit mari ou de votre petite femme présente un double ou triple intérêt : vous vous faites plaisir – ça va finir par se savoir –, vous offrez un spectacle particulièrement excitant à votre partenaire, en particulier s'il fait de même, et surtout vous vous donnez mutuellement une petite leçon de choses illustrée par l'exemple.

MADAME...

Savez-vous véritablement, chère Madame, ce qui fait plaisir à votre petit mari. Vous l'avez sans doute « branlé » cent fois – d'ailleurs le mot vous gêne un peu, vous préféreriez qu'on dise « caressé » –, mais au bout d'un moment le verbe aussi grossier soit-il est encore celui qui décrit le plus précisément le geste. Vous l'avez branlé donc, mais savez-vous que la masturbation masculine est un art plus délicat qu'elle n'en a l'air. Elle implique des préalables, des préliminaires, on ne se jette pas sur la bête comme sur un ustensile de cuisine. On doit commencer avec douceur par des frôlements, flatter au passage les testicules, et surtout découvrir une partie de l'anatomie masculine que les filles ont tendance à négliger ou à malmener : le frein. C'est cette petite portion de peau extrêmement sensible qui sépare le gland de la hampe tout en étant solidaire de celle-ci par une portion de chair plus ferme dans l'axe du pénis. **Une femme qui sait caresser un homme en jouant sur cette partie précise de son anatomie détient le Graal.** Apprendre à masturber un garçon passe par le bon usage des va-et-vient qui recouvrent ou distendent cette petite portion de peau sensible.
Et puis viendra l'instant de calotter, décalotter, calotter, décalotter... C'est lui qui vous montrera le geste parfait, vous vous installerez bien gentiment, allongée entre ses jambes, les yeux rivés sur ce qu'il se fait, à

moins que vous préfériez le regarder droit dans les yeux quand son sperme jaillira...

MONSIEUR...

Et vous, cher ami, vu votre immense expérience des filles, vous savez évidemment comment elles préfèrent qu'on les caresse. Mais regardez tout de même. Votre épouse, d'abord intimidée, va se caresser la poitrine, puis plus précisément les mamelons, tout en se caressant également l'intérieur des cuisses sans toucher encore à son sexe – vous y seriez déjà depuis longtemps vous, et vous auriez tort ! Mais regardez encore, bien installé entre ses cuisses, ne perdant pas une miette du spectacle. Votre femme aimée vient de se caresser plus précisément, effleurant le sillon de ses grandes lèvres, les ouvrant délicatement, un peu plus à chaque passage. Il faudra encore bien du temps pour que son doigt ne laboure plus directement le sillon de son sexe déjà humide, et elle n'a toujours pas touché son clitoris – sur lequel vous vous seriez rué, au nom du fait que vous faites partie des hommes qui savent déjà que les femmes en ont un ! Elle ne le touche toujours pas, et pourtant il darde, rouge et prenant doucement son volume maximum, alors enfin, elle le frôle...
Vous en prendrez de la graine !

... ET POURQUOI FAIRE ÇA LORSQU'ON EST MARIÉS ?

Mais parce que c'est encore l'une des plus belles manières de découvrir le corps de l'autre !
Personne mieux que votre mari ne connaît son corps... et personne mieux que votre femme ne pourra vous en faire découvrir les mystères. Vous allez sans doute passer de nombreuses années en compagnie de cet homme ou de cette femme, vous allez jouer avec... Autant savoir quelle sera la meilleure manière de procéder. D'autant que la masturbation pourra vite faire partie intégrante de vos jeux, vous masturber mutuellement, face à face comme dans une sorte de défi, de combat singulier, le premier qui jouit... Et puis aujourd'hui les sextoys pour garçons arrivent sur le marché – des sortes de tubes vibrants dont l'intérieur a la prétention d'avoir la douceur d'un sexe féminin – et vous pourrez bientôt vous aussi Monsieur connaître les joies de l'amour assisté par bidule vibreur, et ce sera bien plus drôle en bonne compagnie de votre épouse s'amusant avec son canard ou son rabbit.
Mais faut-il pour autant faire de cette activité privée un jeu auquel vous ne vous livrerez plus qu'ensemble ? Bien sûr que non ! Chacun d'entre vous a droit à son espace privé de liberté, la masturbation y a sa place, elle aide à se détendre, à se libérer des tensions, pourquoi faudrait-il s'en priver.
> Lire : Jane Hunt, *Osez... la masturbation féminine*, La Musardine

Ce soir on va faire du shopping...

Et puisqu'il est question de vibromasseur, nous allons faire des courses... L'univers des sex-shops a complètement changé en l'espace de quelques années. La visite d'une boutique sexy était naguère une sorte d'aventure, c'est maintenant quasiment une visite banale dans une boutique qui finit par l'être aussi. Nous allons visiter ces deux types de magasins, les nouveaux, tout beaux, tout « féminins », chic et classieux, mais aussi les sex-shops à l'ancienne, ceux dans lesquels il semble encore un peu honteux d'entrer, avec leur décor très Pigalle années 80, leur personnel graveleux et leur choix d'objets manquant pour le moins d'élégance.

QUEL INTÉRÊT ?

Pour faire des achats !
Mais pas seulement. **Les sex-shops sont comme des show-rooms présentant le plus large éventail d'objets, de costumes et de films, mais « également une sorte de catalogue vivant des jeux érotiques et des perversions potentielles auxquelles un couple pourrait se livrer ».** Chaque objet est un mystère à résoudre : comment peut-on enfiler ça et où ? Chaque costume peut apparaître comme le premier élément de la mise en œuvre d'un fantasme. Les sex-shops sont quasiment des lieux

de formation, on en néglige trop souvent cet aspect. Les occasions de découvrir de visu les objets ou les images associées à l'univers du sexe « extrême » sont assez rares. Vous serez certainement choqués et parfois horrifiés, mais instruits.
Mais nous y allons plutôt pour faire des courses, nous verrons ce qu'il est possible d'y acheter un peu plus loin dans ce chapitre.

... ET POURQUOI FAIRE ÇA LORSQU'ON EST MARIÉS ?

Parce que, cher Monsieur, vous pouvez enfin entrer dans un sex-shop la tête haute, votre tendre épouse au bras, comme une sorte de sauf-conduit qui vous protège de la honte d'être pris pour l'un de ces « pervers » qui vont lorgner les jaquettes des DVD zoophiles ou se masturber dans les cabines de visionnage ou devant les dandinement des danseuses des peep-shows... Activités qui sont tellement plus amusantes à deux ! Parce que Madame, quant à vous, vous n'y aviez même pas songé, enfin si, mais c'était un peu la honte, tandis qu'au bras de votre mari, ça fait couple moderne. Ce que vous êtes d'ailleurs.

COMMENT ?

Pour vos achats, **nous vous conseillons de fréquenter prioritairement les « boutiques sexy »** telles qu'il en est apparu en France depuis le début de la décennie à la suite de la boutique de Sonia

Rykiel à Paris, puis de Yoba, de Passage du désir et autres petits boudoirs libertins. Rendez-vous dans ces endroits particuliers avec la ferme décision d'y faire des achats pour vous détendre ensemble et des cadeaux aux amies. Vous allez découvrir quelques objets amusants. Aujourd'hui aucun couple ne saurait se passer d'un petit canard vibrant, d'une paire de menottes en fourrure, de jeux de société érotiques, de costumes affriolants, de sous-vêtements à dentelles, de petits guides érotiques, de DVD radicalement pornographiques...

> Lire : *Le Guide La Musardine du Paris Sexy*, La Musardine

> Acheter : http://www.passagedudesir.fr/
http://www.yobaparis.com/
http://www.3suisses.fr/
www.chambre69.com/
... etc.

Ce soir on joue avec nos sextoys...

Voilà, vous avez fait vos emplettes, vous sortez de la boutique toute rose dissimulée dans une ruelle du centre-ville les bras encombrés de paquets. Les sextoys sont des jouets pour adultes dont le seul usage est de participer à votre plaisir, soit en devenant le succédané d'un partenaire absent, soit en jouant le rôle inédit d'un « troisième partenaire » au sein d'un couple.

QUEL INTÉRÊT ?

Les temps changent. En l'espace de quelques années, grâce à des créatrices et des designers, la plupart du temps britanniques, **l'univers des objets érotiques a subi une révolution : ils sont de plus en plus beaux et de plus en plus efficaces.** L'imagination de leurs créateurs les a fait évoluer de telle manière qu'ils ne sont plus la seule reproduction d'un sexe masculin ou féminin, mais souvent « autre chose », différents de la nature, et donc la source de sensations nouvelles.
Les sextoys appartiennent à quelques grandes catégories d'objets. Les godemichés – ou dildos – sont les plus simples. Ce sont des objets cylindriques, autrefois en bois ou en cuir, aujourd'hui en silicone ou en verre, qui reproduisent la forme d'un sexe masculin en érection. Ils sont utilisés – par les filles et les garçons – pour des simulacres de pénétration. Bon nombre d'entre eux voient leur forme s'éloigner du modèle masculin, avec son gland turgescent et sa forme uniquement cylindrique...
Les vibromasseurs eurent eux aussi longtemps la simple forme d'un sexe masculin et s'utilisaient de la même manière que les dildos. Maintenant on trouve quasiment toutes les formes de vibros, à commencer par ces célèbres petits canards, jusqu'aux lapins qui titillent les clitoris ou à des cônes ou des sphères vibrantes. Enfin, depuis peu, des sextoys de petite taille pour gar-

çons – les Tenga par exemple – reproduisent la forme et la texture du vagin ou d'une bouche féminine, avec de surcroît une étonnante fonction vibrante ou lubrifiante.

... ET POURQUOI FAIRE ÇA LORSQU'ON EST MARIÉS ?

Pour jouer à deux.

Notre amie Ovidie, dans son livre intitulé *Osez les sex-toys*, a inventorié 10 bonnes raisons d'utiliser un sextoy à deux... Ces raisons sont aussi bonnes pour un couple marié que pour tout autre couple, mais le mariage, comme toujours, donne à tout cela une petite allure transgressive... Les voici :

- C'est l'orgasme assuré.
- Cela change du rapport classique.
- Si vous êtes curieuse, cela peut vous permettre de tester la sensation d'une double pénétration en n'étant qu'avec un seul partenaire.
- Si vous êtes avec un partenaire peu porté sur le plaisir clitoridien, un petit vibromasseur vous permettra de combler ses lacunes durant le rapport.
- Des petites billes, ou un petit plug, peuvent vous permettre de faire découvrir le plaisir anal à votre cher et tendre, aussi hétérosexuel soit-il.
- Si vous êtes très ouverts d'esprit, vous pouvez toujours tenter un jour d'inverser les rôles à l'aide d'un gode-ceinture, ne serait-ce que pour se rendre compte de ce que cela fait. Un certain nombre d'hommes adorent être pénétrés sans pour autant avoir de désir pour une personne du même sexe.

- Le sextoy peut toujours intervenir en cas de défaillance (panne, éjaculation précoce).
- Il peut toujours être excitant d'observer sa partenaire se donner du plaisir avec un sextoy.
- Un nouveau sextoy est toujours une nouvelle fantaisie. Faire du shopping à deux, essayer de comprendre comment le mettre en route, tester ses sensations, sont toujours des moyens agréables de préparer votre union dans la bonne humeur.
- Votre partenaire peut apprendre beaucoup sur la façon de vous satisfaire.

Toutes ces raisons mériteraient d'être détaillées, nous le ferons en particulier tout à l'heure lorsqu'il s'agira de découvrir des jeux s'inspirant de l'univers gay. À ces raisons il faut ajouter les raisons d'utiliser les sextoys tout seul. En cas d'absence de son partenaire, Monsieur ou Madame a évidemment le droit et le devoir de faire appel à son petit jouet. Mais nous allons surtout nous attarder sur un point essentiel : **le sextoy peut devenir un troisième partenaire.**

COMMENT ?

Le fantasme numéro deux ou trois des hommes et des femmes est bien de faire l'amour à trois. Dans la plupart des cas, le fantasme finit sagement rangé à la rubrique des désirs vagues et des regrets futurs. Sauter le pas reste l'une des décisions les plus lourdes de menace pour un couple, marié ou pas, même si la présence hebdomadaire de centaines de couples mariés dans les boîtes échangistes de France et de Navarre démontre qu'il s'agit d'une option parfaitement envisageable. Mais il existe pourtant une solution pour découvrir les sensations offertes par le triolisme sans s'encombrer d'un troisième partenaire – d'ailleurs comment on expliquerait à belle-maman la présence de ce garçon hyper musclé ou de cette bombasse à la table du petit déjeuner...

La double pénétration ne sera plus une sensation inconnue pour vous, chère Madame, grâce à un dildo souple et lubrifié. Vous découvrirez le plaisir particulier d'une sodomie prodiguée tandis qu'un sexe masculin va-et-vient en vous. Pour être certaine de ne pas être victime de la brusquerie ou de la maladresse de votre mari, vous pourrez vous-même prendre l'objet en main. Vous pourrez aussi avoir la sensation d'être pénétrée – toujours par un dildo mais aussi par un vibro – tandis que vous prodiguerez une fellation à votre petit mari. À vous d'imaginer les positions et les situations qui vont avec.

> Lire : Ovidie, *Osez... les sextoys*, La Musardine

Ce soir, Madame est « indisposée », mais on s'amuse quand même...

Les règles sont les ennemis du plaisir, elles s'imposent à dates fixes – si tout va bien – comme une sorte de mi-temps durant laquelle il faudrait arrêter de jouer au prétexte que le terrain est impraticable. Pourtant quand on s'aime, trois ou quatre jours de frustration peuvent être ressentis comme une incroyable atteinte à notre droit au plaisir conjugal. Faisons l'amour quand même !

QUEL INTÉRÊT ?

Faire l'amour évidemment, et peut-être une fois de plus faire l'amour différemment. La présence du sang menstruel va modifier vos comportements. Que vous soyez prêt à « aller jusqu'au bout » quand même ou que vous préféreriez trouver d'autres manières de vous distraire.

... ET POURQUOI FAIRE ÇA LORSQU'ON EST MARIÉS ?

... mais parce qu'on est mariés pour longtemps, que l'on se retrouve ensemble au lit même ces soirs-là. Il est toujours possible pour une jeune femme libre de ses engagements de jouer à la dame aux camélias qui portait à la boutonnière une fleur rouge durant

ses menstrues pour signifier à ses amants que la voie n'était pas libre. En revanche, chère Madame, vous êtes dans votre lit, avec votre petit mari, toute frustrée de ne pas avoir votre dose de câlins.
Il faut essayer, parce que les plaisirs nés dans la contrainte sont souvent les meilleurs. Les découvrir ensemble sera une belle manière de vous aimer davantage.

COMMENT ?

Tout est affaire d'hygiène. Le principal problème sera de préserver la propreté des draps, **peut-être sera-ce un prétexte pour aller batifoler dans la salle de bain, sous la douche ou dans la baignoire,** là où tout cela n'aura guère d'importance. Il y a deux options, la pénétration « quand même » et le recours à d'autres jeux. Tout dépend de l'attitude de répulsion éventuelle de Monsieur à l'égard du sang menstruel. Peut-être pourra-t-il porter ce jour-là l'un des préservatifs abandonnés dans votre table de nuit depuis que vous êtes mariés avec de jolis tests négatifs en guise de faire-part. Le sang menstruel n'est pas forcément le lubrifiant idéal, par contre Madame se sentira durant cette période bizarrement excitée… qu'elle en profite.
Et puis ces « jours-là » pourraient devenir le prétexte à d'autres jeux. D'ordinaire les langoureuses fellations prodiguées à Monsieur ne vont pas jusqu'à leur terme, tant il est pressé – et Madame aussi – que l'on passe à autre chose. Ce serait l'occasion d'aller plus loin, d'avaler goulûment son sperme, tout comme il serait agréable de connaître enfin ces plaisirs oubliés, l'éja-

culation sur les seins, la cravate de notaire, ou ces frottements entre les cuisses resserrées, voire la sodomie – cela fait un peu adolescente qui préserve sa virginité par tous les moyens, mais ce sera amusant.

Ce soir on se prend en photo tout nus – et en érection !

La photo numérique a bouleversé la vie sexuelle de nos contemporains. Il était bien difficile naguère de se prendre en photo, simplement nus sur la plage, sans avoir ensuite des frissons d'angoisse à l'idée d'aller récupérer ses clichés au développement. **La photo numérique, immédiatement visible et imprimable sans passer par une quelconque intervention extérieure, a fait considérablement progresser la cause de la discrétion.**
Elle présente d'autres dangers, des pièges mortels dont ont été victimes quelques stars au premier rang desquelles Laure Manaudou. Un pauvre crétin d'amant malveillant peut immédiatement publier sur Internet des photos de vous Madame en train de vous livrer à des folies. Folies qui ne regardent que vous, mais qui peuvent ruiner une réputation, voire une vie, quand elles sont exposées sur la place publique. Donc gare !

QUEL INTÉRÊT ?

Les photos ou les films érotiques voire pornographiques « faits maison » vont vite jouer un rôle particulier dans votre vie sexuelle. Tout est plaisant : la mise en scène, cette longue organisation de l'espace, de la lumière, du choix d'un angle de prise de vue ; la prise de vue elle-même puisqu'il s'agit d'images pornographiques dont vous êtes les héros. Vous êtes bel et bien en train de faire l'amour, ce qui est déjà agréable en soi, et de plus vous vous donnez en spectacle ; mais le plus palpitant sera la découverte des images, et leur immédiate réutilisation : vous en userez comme vous le feriez d'un autre film X, excitant, incitateur, mais vous en serez les héros !

... ET POURQUOI FAIRE ÇA LORSQU'ON EST MARIÉS ?

Parce que c'est terriblement excitant, et que ce livre essaie d'inventorier tout ce qui pourrait distraire un couple de gentils mariés voulant agrémenter sa vie sexuelle. Mais il y a une autre raison, moins admissible. Les films et les photos X sont souvent des bombes à retardement. Laissés dans les pattes d'un amant de passage ou de la compagne d'une nuit, fût-elle chaude, ils peuvent devenir des armes mortelles. Les sites pornographiques sont investis par des images érotiques rangées à la catégorie « ex ». Des indélicats mettent en ligne les ébats de leur copine dès qu'ils se sont fait plaquer. **Un couple marié assez solide ne coure pas ce risque. Mais gare aux fichiers**

égarés : à la moindre menace de divorce, videz les disques durs !

Et puis dans le cadre intime du mariage, sans opérateur et équipe technique, vous pourrez sans doute éviter l'un des problèmes inhérent au tournage de film X, la panne d'érection. Si ça ne marche pas à la première prise, Madame saura redonner un tour de manivelle.

COMMENT ?

Ovidie, toujours elle, a décrit dans un guide de cette collection le travail particulier des professionnels du cinéma X. L'une des informations les plus vitales tient à ceci : les positions sexuelles de la « vie courante » ne sont pas très photogéniques. Une bonne préparation à une prise de vue serait de vous observer dans un miroir. Vous découvririez rapidement les positions – pour la pénétration, comme pour la fellation ou toute autre activité sexuelle – qui « passeront » le mieux. Il vous faudra aussi utiliser un trépied pour votre appareil photo et utiliser le mode retardateur. À moins que vous ne vous photographiez en tenant l'appareil à bout de bras. C'est visiblement de cette manière que sont filmées la plupart des scènes de fellation en gros plan vues sur You Tube. Mais, chère Madame, avez vous réellement envie de ressembler à ça sur l'écran, tout à l'heure quand vous vous reverrez en action ?

Pour éviter ou anticiper d'éventuelles indiscrétions, vous pouvez aussi vous filmer masqués, en arrangeant le décor de votre chambre de manière à le rendre méconnaissable de vos proches. Sauf à voir vos images tomber dans les mains d'un ancien amant qui sait

que vous avez les seins mouchetés de taches de rousseur ou un grain de beauté juste au-dessus du clito, vous êtes tranquille…
> Lire : Ovidie, *Osez… tourner votre film X*, La Musardine

Ce soir, on regarde plein de cochonneries à la télévision...

À défaut d'avoir des films X vous représentant en pleine action, vous pourrez toujours avoir sous la main une petite DVDthèque de films érotiques ou pornographiques. La production est tellement pléthorique que vous trouverez toujours de quoi vous distraire selon vos goûts. Et si vous ne trouvez pas ce qui vous convient dans les rayons des sex-shops, vous trouverez encore des milliers de titres en vente sur Internet, et plus encore sur des sites de diffusion de courts petits films pornographiques amateurs, comme le célèbre You Porn, filiale érotique de You Tube.

QUEL INTÉRÊT ?

Naguère, vers 1970, au début du porno, l'une des motivations affichées par les couples qui osaient pénétrer dans les salles de projection était de « s'instruire ». À ses débuts, le cinéma porno tenait de la leçon d'anatomie et des manières de s'en servir. Des milliers d'images plus tard, cet objectif a perdu de son actualité, mais l'essentiel reste. **Le cinéma porno sert à s'exciter sexuellement**. Lorsqu'on est seul, des images pornographiques sont le support idéal à une masturbation agréable, elles viennent suppléer au manque d'imagination ou enrichir celle-ci. À deux, c'est autre chose. Le visionnage du film X devient un décor de votre propre sexualité, l'écran est une sorte de miroir de vos propres ébats, il peut vous ouvrir à la sensation trouble de participer à une orgie. Et plus l'écran sera grand et plus l'illusion sera parfaite.

… ET POURQUOI FAIRE ÇA LORSQU'ON EST MARIÉS ?

Parce que les films X et leur visionnage en commun peuvent devenir très instructifs à l'un et l'autre membre d'un couple marié.

Et c'est vous, cher Monsieur, qui risquez d'être le plus surpris. Que vous rentriez en érection dès la première apparition d'une bombe siliconée se masturbant face à la caméra, c'est quasiment dans l'ordre des choses. En revanche, votre chère épouse risque bien de vous entrouvrir des portes de son intimité que vous ne soupçonniez pas, en se pâmant devant tel ou tel type

d'images – des fesses masculines prises en gros plan pendant que l'acteur pilonne le sexe de sa partenaire, des scènes lesbiennes, des positions auxquelles vous n'aviez pas songé... **Disons-le, le cinéma X est pé-da-go-gi-que. Non seulement il permet de s'exciter ensemble, mais il va apprendre des petits secrets sur l'un et l'autre.** En commentant les images du film, vous pourrez donner à votre partenaire des informations sur vos goûts, vos fantasmes, vos désirs que vous avez parfois du mal à formuler dans la conversation courante, pour peu que vous parliez de sexe durant la conversation courante...
Et si Madame vous jette votre DVD de HPG à la figure en vous traitant de sale pervers, eh bien ça aussi ça mérite qu'on en discute. Dans ce cas, sortez ce guide de sous l'oreiller et montrez bien à Madame que nous affirmons nous aussi que c'est bien pour tout le monde, elle comprise.

COMMENT ?

Reste à trouver le bon film. La production donne le tournis. **Vous pourriez commencer par un bon porno des années 70, une des œuvres de jeunesse de la cultissime Brigitte Lahaie.** Ces films mêlent des scènes de comédie, souvent amusantes avec des scènes pornographiques assez bon enfant si on les compare aux films « gonzo » contemporains, des jeunes filles qui sucent leur fiancée sur des bottes de foin, des scènes de cabaret pornographique, des partouzes dont les participants ont gardé leur chemise et leurs chaussettes. Le côté vintage et kitsch de la

chose fera passer le sexe – si j'ose dire.
Mais le plus important tient dans la mise en scène de la séance de cinéma. Vous devrez vous installer allongés parallèlement à l'écran, sur un canapé ou dans votre lit, voire mieux encore face à un écran gigantesque de vidéo projection qui vous donnera l'impression d'être absorbés par l'image. Il faudra faire en sorte que l'usage de la télécommande ne soit pas nécessaire pendant toute la durée de vos ébats face à l'écran. Le zapping, ça déconcentre ! Donc on lance le film et après on ne s'occupe plus de rien.
Parmi les nombreux jeux que permet cette rencontre entre le film et votre propre vie, celui de l'imitation est le plus simple et le plus radical, même si les plus enthousiastes des participants n'arrivent guère à y jouer plus de quelques minutes. Le principe est simple : on doit reproduire dans son lit ce qui se passe sur l'écran, sucer quand la vedette suce, se mettre en levrette en même temps que les acteurs, éjaculer synchrone... Ce sera pour vous l'occasion de découvrir que les acteurs de films X font des choses quasiment impossible à imiter, des positions acrobatiques, des enchaînements funambulesques, mais aussi qu'ils sont d'une endurance surnaturelle ; et puis vous pourriez découvrir aussi, chère Madame, qu'il n'est pas aussi agréable que cela de se faire éjaculer sur le visage. Mais votre cher mari n'est pas un rustre, il se contentera d'éjaculer sur vos seins en poussant des grognements dignes de Rocco Siffredi. Vous verrez, ce sera très amusant.
Regardez, sur le câble ou le satellite les chaînes XXL, Dorcel TV, Hustler TV ou XXX Extrême, sans oublier le « porno du samedi soir » sur Canal + et Ciné Cinéma Frisson.

Ce soir on va en boîte échangiste...

Savez-vous qu'il est parfaitement possible de passer une soirée dans une boîte échangiste sans pour autant avoir des relations sexuelles avec d'autres personnes que son partenaire habituel, et même sans avoir de relations sexuelles du tout ?
C'est précisément ce que nous allons faire ensemble ce soir. Pour commencer...
Vous trouvez que « ça va trop loin ». Vous avez sans doute raison, mais sachez que nous ne vous conseillerions pas de faire une chose qui vous ferait courir le moindre risque. **Nous allons nous amuser, nous exciter et faire de nombreuses découvertes.**

QUEL INTÉRÊT ?

S'encanailler, se dévergonder, « voir des choses » et peut-être même « faire des choses », la vie est trop courte pour se priver de sensations, d'émotions et de plaisir et peut-être que plus tard il sera trop tard. Vous avez trouvé l'homme ou la femme avec qui vous allez passer le reste de votre vie. C'est avec lui / elle qu'il faut vivre des aventures.
Les lieux libertins, clubs échangistes ou saunas libertins, sont des endroits étranges où des couples peuvent être amenés à faire l'amour en public avec des partenaires encore inconnus quelques instants plus tôt. Peut-on imaginer spectacle plus terriblement exci-

tant ? De la pornographie live. Les boîtes échangistes, pour cette frange importante de leur clientèle qui s'y rend en spectateur, sont des lieux de découvertes passionnantes. Vous découvrirez par exemple que le vieillissement du corps n'est pas toujours synonyme de perte d'attrait sexuel. Durant les soirées les plus chaudes de Paris et de province, ce sont souvent de solides quinquagénaires qui jouent le rôle de reines de la fête. Et les hommes au front grisonnant ne sont pas les moins actifs... Ce qui devrait vous rassurer pour la suite de votre vie commune.

... ET POURQUOI FAIRE ÇA LORSQU'ON EST MARIÉS ?

Encore et toujours pour la même raison, **parce qu'ensemble vous êtes à l'abri de tous dangers,** aucune situation aussi apparemment sordide soit-elle ne pourrait vous atteindre.
Vivez votre couple comme un petit commando d'infiltrés se glissant dans l'univers du stupre... Et vous découvrirez bien vite que vous ne courez aucun danger. Cette simple phrase devrait faire rire ceux de nos lecteurs qui ont déjà fréquenté, voire qui fréquentent régulièrement, l'un ou l'autre des deux ou trois cents établissements libertins français. Les boîtes libertines font courir davantage de danger aux amateurs de bon goût choqués par la déco qu'à vos vertus mesdames. Personne ne vous imposera quoi que ce soit, sinon quelque spectacle très étonnant.
Madame, Monsieur, cette soirée va elle aussi vous apprendre bien des choses, vos goûts voyeuristes

seront d'autant plus satisfaits que vous les aurez satisfaits ensemble, peut-être vous laisserez-vous aller à quelques caresses mutuelles dans la pénombre des « coins câlins ». En tout cas, il est quasiment certain que votre retour à la maison sera torride.

COMMENT ?

Il suffit de s'habiller suivant les critères en vigueur dans ce genre d'endroit, propre sur soi, les femmes en jupe et corsage pour faire sexy… À la porte, vous prendrez l'air assuré de ceux qui savent avant de sonner. Nous vous conseillons de parcourir quelques guides, comme notre Paris Sexy ou les guides de la France libertine. Ils vous permettront de savoir l'essentiel, si la soirée à laquelle vous assisterez est réservée aux couples ! Pour une visite comme celle que vous projetez il est en effet préférable d'éviter les soirées ouvertes aux « hommes seuls » qui se révèlent généralement collants et risquent de révulser madame.

Attention
Nous vous conseillons surtout de prendre garde à vos émois. Peut-être serez-vous à ce point saisis par l'ambiance que vous déciderez spontanément de « participer », mais dans ce cas n'oubliez pas le port du préservatif.
Par ailleurs, choisissez absolument de vous rendre dans une boîte échangiste plutôt que dans un sauna – à la promiscuité plus pesante – et de préférence à une soirée « couples » pour éviter les « hommes seuls », souvent collants.

> **Lire :** Hélène Barbe, *Osez... l'échangisme*, La Musardine

Ce soir, on va voir les gays...

Vous êtes évidemment hétérosexuels l'un et l'autre sinon, chère Madame, vous seriez en ménage avec l'une des nombreuses copines de classe qui vous faisait du pied en cours et quant à vous, cher Monsieur, avec votre physique, vous auriez déjà fait trois fois la couverture de *Têtu.*
Pourtant vous restez secrètement jaloux de l'univers sexuel des gays, de cette liberté, de ces costumes insensés, de ces sextoys pour garçons aux formes hallucinantes. Pourquoi ne pas approcher un peu l'univers érotique gay ?

QUEL INTÉRÊT ?

La sexualité gay serait, paraît-il, bien plus imaginative que celle des hétérosexuels. Eh bien, faut voir. Quelques exemples : le téton masculin n'est quasiment jamais reconnu comme une zone érogène de première importance par les dames. La moindre vidéo pornographique gay vous mettra vite en présence de scènes

langoureuses de léchage puis de titillation et, pour fini,r de serrage du téton. L'anulinctus; léchouillis de l'anus – bien lavé, bien propre – est aussi l'un des classiques de l'érotisme gay. Madame, vous n'aviez jamais songé à lécher votre mari de cette façon, il faut que se soit des moustachus en cuir qui vous en donnent l'idée !
Et puis les gays ont le quasi monopole d'une zone érogène encore plus affriolante que les tétons : la prostate. Ovidie, décidément au courant de tout, nous en dit plus : « ***Nous le savons aujourd'hui sans avoir à en rougir, les hommes disposent également de leur point G, il s'agit de leur prostate***. *Stimulée par voie anale, la prostate peut décupler la puissance de l'orgasme. Il n'est pas toujours aisé de la masser correctement à l'aide d'un sextoy anal classique. C'est pourquoi certains jouets ont été inventés spécialement pour cet usage. Par exemple, le Aneros ou le Nexus sont des accessoires blancs, non vibrants, qui permettent de masser avec précision la zone prostatique. L'efficacité est remarquable pour qui sait les utiliser.* »
Vous avez bien lu, Monsieur : à fréquenter les gays, vous risquez bien de vous faire sodomiser, par votre légitime qui plus est !

... ET POURQUOI FAIRE ÇA LORSQU'ON EST MARIÉS ?

Mais parce que le mariage est une fois de plus l'occasion de faire des découvertes ensemble. Madame a sans doute envie de découvrir une fois dans sa vie les sensations que connaît un homme la pénétrant. Pour cela ; il existe quelques simulacres qui permettent d'en

avoir l'illusion. Il s'agit de harnais à porter autour de la taille, flanqués d'un phallus en latex vers l'intérieur, qui vous pénétrera délicieusement, et d'un autre à l'extérieur, avec lequel vous ferez subir à votre coquin de mari toutes les petites choses qu'il vous fait tous les soirs... Vous allez le prendre en levrette... Vous verrez, après ça, il sera beaucoup plus délicat lorsqu'il se heurtera à votre petit anus recroquevillé.
Et tout ce qui paraîtrait un peu trop extravagant dans d'autres circonstances ne sera plus qu'un jeu dans l'intimité de votre couple. Nous vous l'avons déjà répété à maintes reprises depuis le début de ce livre. Le mariage autorise tout, vous êtes une bande, un gang, tout entier tourné vers la recherche de plaisirs partagés.

COMMENT ?

Pourquoi ne pas transformer votre chambre en backroom ? Vous n'y êtes jamais allé Monsieur, ou alors une fois, il y a longtemps, avec un ami, et quant à vous Madame, c'est bien simple, on ne vous laisserait pas rentrer. Imaginez des pièces très sombres, équipées de matelas recouverts de skaï noir, dans lesquels des téléviseurs diffusent des films pornographiques évidemment gay. Imaginez aussi les salles équipées de glory holes, des pièces noires dont l'une des cloisons est percées d'un trou où un homme glisse son sexe en érection tandis qu'un second homme à genoux dans la cabine voisine le suce goulûment. Mais suis-je bête, vous aviez déjà vu ça dans les salles obscures de la boîte échangiste...
Eh bien, pourquoi ne pas reproduire cette ambiance

dans votre chambre à coucher, plongée dans l'obscurité, tendue de noir, le glory hole pourrait être une simple ouverture entre deux rideaux, mais ce qui compte c'est l'ambiance, de la moiteur, de la musique techno, des sachets de lubrifiant et des préservatifs à volonté. Ah, on ne vous avait pas appris ça dans vos cours de préparation au mariage…

> **Lire :** Erik Rémès : *Osez… les conseils d'un gay pour faire plaisir à un homme*, La Musardine
Raphaël Moreno, *Osez… la drague et le sexe gay*, La Musardine
Marie Candoe, *Osez… les conseils d'une lesbienne pour faire l'amour à une femme,* La Musardine

Ce soir, on s'attache et puis on se fouette un peu, mais pas trop fort...

Il reste un dernier univers érotique à explorer pour en retirer des jeux et des ambiances qui viendront donner encore un peu plus de piment à votre vie sexuelle matrimoniale. Mais faut-il encore la pimenter ? Elle ressemble déjà à de la cuisine indienne, ça brûle le palais. L'univers SM ou comme on dit aujourd'hui de la domination et de la soumission est le plus radical et le plus inquiétant qui soit. Il est associé à des formes de violences – la plupart du temps symboliques – qui risquent de révulser même les âmes les moins sensibles. Pourtant une fois de plus il est parfaitement possible d'adapter certaines pratiques à vos jeux intimes.

QUEL INTÉRÊT ?

Les pratiques D/S mettent en mouvement des sentiments très intimes, souvent vitaux, les désirs de domination et de soumission, qui ont des rapports très étroits avec la sexualité. Pour en savoir plus, nous vous renvoyons aux différents livres de Gala Fur publiés dans cette collection.

Nous nous en tiendrons à quelques jeux de bases. Ainsi votre femme vous appelle son bébé à tout bout de champ et ne vous a jamais donné la fessée, mais qu'attend-elle ? **Et vous, combien de fois avez-vous rêvé de la ligoter aux montants du lit pour organiser un simulacre de viol... ?** Rien ne vous en empêche.

... ET POURQUOI FAIRE ÇA LORSQU'ON EST MARIÉS ?

Parce que – cela devient une rengaine – votre mariage est le lieu de la confiance absolue, et **il faut avoir une confiance totale en son partenaire avant de se laisser passer des menottes et bander les yeux pour être entraîné(e) dans une pièce inconnue de la maison transformée en donjon**.

Mais attention, la suite, le degré supérieur vous fait

entrer dans un univers érotique qui dépasse le simple cadre du batifolage matrimonial de ce guide.

COMMENT ?

Votre chambre est bien trop claire, donnez à votre environnement des allures de donjon en plongeant l'appartement dans la nuit totale. **Des bougies, des miroirs, des barreaux pour y être attachés... Habillez-vous de cuir, c'est la matière la plus adaptée à la situation, comme une seconde peau.** L'un de vous sera le maître et l'autre l'esclave attentionné ou entravé. Peut-être finirez-vous par faire simplement l'amour « comme d'habitude », mais vous verrez que la simple mise en place de ce décor et de ces rituels suffira à décupler votre plaisir.

> Lire : Gala Fur, *Osez... tout savoir sur le SM*, La Musardine

Gala Fur, *Osez... les jeux de domination et de soumission*, La Musardine

Et puis...

Et puis il y a tout le reste : la découverte du sexe tantrique au cours d'un voyage vers les temples érotiques de Khaju Raho, les cours de cuisine aphrodisiaque, un week-end d'amour dans le noir absolu, la visite des grands musées à la recherche de situations érotiques pouvant être imitées à la maison, la transformation de votre appartement en maison close avec l'obligation – mutuelle – de payer chaque rapport, l'amour tout habillé, l'amour jusqu'à l'épuisement du mâle – il

a toujours prétendu qu'il pourrait le faire cinq fois de suite, prenez-le au mot Madame –, la journée « sex in the water » quand on a l'occasion de profiter seuls d'une piscine éloignée des regards, les « travailleurs du sexe » en transformant chaque corvée bricolage à la maison en grande journée de baise dans les gravats et les odeurs de peinture...
Votre sexualité se nourrira également de multiples influences extérieures qu'il ne faudra jamais négliger, scènes de films, romans libertins, rencontres, articles de magazines... Votre lit devrait être le lieu de votre propre réinvention du monde, un espace de créativité et de plaisir.

Exprimer son désir

Cette longue énumération de pratiques sexuelles détournées et adaptées à votre univers matrimonial est une manière de vous montrer le large éventail des possibilités en la matière.

Ce sera aussi pour vous une sorte de liste de situations dans lesquelles vous puiserez celle qui vous semblera la plus digne de satisfaire votre envie du moment. Car ce qui importe évidemment c'est de faire l'amour selon vos désirs – aussi inavouables soient-ils. Et quelle personne sera plus apte à les comprendre et les satisfaire que celui ou celle à qui vous avez fait suffisamment confiance pour l'épouser ? Le désir est inépuisable : lorsqu'il sommeille un peu il suffit parfois de peu de choses pour le réveiller.

Vous avez toute la vie. Allez-vous passer tout ce temps sans jamais exprimer aucun désir, au nom du fait qu'il vous paraît déviant ou insensé ? Eh bien non ! Ce serait trop injuste. Souvent pour être satisfait, il suffit de demander.

Et quand on n'a pas envie ?
Pour ça, il y a aussi un truc : dire non.

6. l'amour du risque…

Avant d'évoquer deux sérieuses encoches au contrat de mariage, l'adultère – dont l'un ou l'autre des deux époux se rend « coupable » – et l'échangisme pratiqué avec l'accord respectif des deux conjoints, il convient de parler du secret.

Le mariage constitue au moins pour les couples un changement radical. Il y a un avant et un après. Symbolique, certes, mais qui marque parfois les relations entre les nouveaux mariés. Il y a des « choses » qui paraissaient admissibles avant, et qui ne le semblent plus ensuite.

Les grands et petits secrets

Ces « choses » deviennent des secrets.

Les mariages qui durent seraient-ils simplement le fait de couples composés de deux menteurs ? Les couples qui s'aiment sont composés d'un homme et d'une femme qui ont des secrets l'un pour l'autre... De grands secrets qui pourraient à jamais détruire une union plus importante à leurs yeux que la seule minuscule vérité, des petits secrets dont le seul énoncé détruirait la belle harmonie d'un instant, des secrets d'un genre particulier qu'il faudrait garder jusqu'au moment opportun – on les appelle des fantasmes. Attention à la manière de jouer de ces secrets, ce sont parmi les pires ennemis de votre couple.

LES MORTELS

Un couple vivant en harmonie depuis longtemps, sans nuages en perspective, ne mérite pas d'être la victime innocente d'une parole de trop. Les secrets mortels – sexuels, les autres on s'en fout, en tout cas ce n'est pas notre propos – ne doivent jamais être dévoilés. Monsieur et Madame méritent de vivre dans l'ignorance de faits qui les troubleraient profondément et changeraient radicalement leur perception de l'être aimé. Cet amour est plus important que la vérité. D'autant que cette vérité est souvent datée – comme un crime rayé

d'un casier judiciaire – ou dénuée d'importance réelle, malgré les apparences.
Au premier rang de ces secrets mortels figure l'adultère. « *Quand je l'ai trompée, elle ne la jamais appris…* » chantait naguère Claude Nougaro, poursuivant « *une petite fille en pleurs* ». Cette aventure sans importance, ce coup d'un soir, le collègue de bureau à la fin d'un séminaire, la jeune étrangère affriolante rencontrée au mois d'août à Paris, ne mérite pas un aveu. Le simple énoncé de cette histoire ancienne suffirait à tout détruire, elle ne le mérite pas. N'avouez jamais ! Sauf si… Nous y reviendrons…

Sont également considérés comme des « péchés mortels » des faits antérieurs à la constitution du couple mais dont la divulgation créerait un trouble. Vous n'avez pas toujours été hétérosexuel – ou homosexuel, d'ailleurs – et alors ! Si en faire l'aveu risque de détruire la confiance de votre partenaire, gardez ça pour vous. De même, les motifs réels d'un divorce ancien ou l'identité de votre premier partenaire sexuel peuvent parfaitement rester ignorés (« *Tu as été déniaisé par cette salope (par ton prof d'anglais / par mon frère / par tout ton club de gym !!!) !…Et à 13 ans, et tu oses me le dire, comment veux-tu que je te fasse encore confiance ?* ».
Il y a des choses que votre partenaire de lit ne doit pas savoir, car elles ne concernent que vous. Elles seraient incomprises, même de la personne qui vous est la plus proche. Car malgré leur apparente gravité voire leur énormité, elles ne viennent rien changer à votre amour ni à vos amours.

Attention danger !

Pourtant il y a des cas où l'aveu s'impose, lorsque ce secret met en danger la vie de son partenaire – en cas d'exposition au VIH principalement ! Un secret cesse de devoir être préservé quand il met en danger son partenaire, vite un test, et la transparence absolue en cas de résultat positif !

LES VÉNIELS

Et puis il y a les secrets véniels, comme il y les péchés véniels, des petits secrets de seconde zone, mais toujours sexuels puisque ce sont les seuls dont nous traitons dans ce chapitre. Ce sont généralement des « petites hontes », des évènements sans gravité, mais « qui ne regardent que vous ». Leur découverte ou leur mise au jour feraient sans doute sourire, mais ils vous feraient courir le risque de connaître une forme de ridicule ou de désaveu un peu « tue l'amour ». Généralement quand l'un d'entre eux vous échappe au détour d'une conversation, il est accueilli par des « *Mais pourquoi tu me l'as jamais dit, ce n'est pas si grave. C'est vrai qu'elle est moche et stupide, et vieille, mais tu ne pouvais sans doute coucher avec personne d'autre à l'époque... Avant moi, tu te contentais de peu !* » Ce genre.
Dans cette catégorie de péchés, pardon, de secrets véniels, se retrouvent toutes les mésaventures sexuelles sans grand intérêt, un peu honteuses. Les garçons auront du mal à raconter leur goût pour la masturbation, leurs premiers échecs avec des filles un peu intimidantes. Les filles oublieront leur « première fois ».

Ce sont des histoires qui vous échappent, autour d'une conversation générale lors d'un repas un peu arrosé. L'assemblée s'esclaffe car c'est drôle, mais seuls, là, au bout de la table, les yeux noirs de l'être aimé vous regardent avec un voile de mépris. « *Mais pourquoi il raconte ça ! La honte !* », semblent dire ces yeux sombres. Des mariages ont chaviré pour moins que ça.

LES SEXUELS

Pourquoi les appeler les « sexuels » alors que les deux précédents le sont aussi ? Mais parce qu'ils peuvent servir à votre épanouissement sexuel ! Ce sont vos secrets, des pensées, des mésaventures, des rêves, des projets... Ils ne doivent jamais sortir de leur petite boîte, sauf peut-être durant une séance d'analyse, et encore. J'ai pour ma part tendance à penser que l'énonciation de secrets enfouis est moins un mode de délivrance qu'une source d'emmerdements.
D'autant qu'ils nourrissent votre imaginaire érotique, ce sont des souvenirs d'instants fugaces, ce moment où vous avez caressé pour la première fois le sein d'une amie consentante, une brève étreinte, l'étrange et douce sensation provoquée par le contact d'un sexe en érection se glissant dans votre paume, des lèvres qui se referment sur votre gland dans le noir... La vie érotique d'un homme ou d'une femme est riche de centaines de micro-souvenirs comme ceux-ci. Certains deviennent la base de scénarios récurrents, ces « petits films » qu'on se fait parfois pendant l'amour... Ces petites histoires, ce sont vos souvenirs, mais aussi votre bibliothèque intime, dans laquelle vous puisez

chaque jour des images, le temps d'une caresse, d'une étreinte, ou d'une simple rêverie.
Ne gaspillez pas ces souvenirs, ils sont à vous. Votre partenaire n'en saura rien, mais pourtant ils enrichissent votre vie sexuelle commune, puisque ce sont parfois eux qui viennent « relancer la machine » quand le désir s'assoupit un peu.

Un mariage est composé de deux personnes ayant des secrets, et qui ont bien raison de les garder. Vous savez, ce sont ceux que l'on cultive dans ces fameux « jardins secrets ». Quelle personne au monde, mise réellement à nue, moralement, serait encore aimable ? Contentons-nous des apparences, des apparences que l'on donne et de celles que l'on reçoit.

Échangisme

Comment définir les spécificités de l'échangisme lorsqu'il concerne les deux membres d'un couple marié : un seul mot nous vient à l'esprit, « banal » !

Oui, « banal », car si l'on observait la population échangiste, ces quelques dizaines de milliers de personnes qui font l'amour à trois ou plus chaque semaine au cours de soirées privées ou dans des clubs libertins, et bien gageons que la catégorie « couples mariés » y serait radicalement majoritaire. Cela tient à ce que nous affirmions dans le chapitre précédent. Un couple marié n'a de compte à rendre à personne en matière de sexualité, et entend bien la vivre comme il veut.

Mais que les couples mariés soient majoritaires dans les lieux échangistes ne veut absolument pas dire qu'il est banal pour un couple marié de devenir échangiste.

POURQUOI ?

Pourquoi vouloir faire l'amour avec « quelqu'un d'autre » ? Des psychologues expliquent le désir de faire l'amour à trois et plus de la manière suivante : « *Ce vieux fantasme est souvent relié à la composante triangulaire du fameux complexe d'œdipe (père, mère, bébé).* » Ce désir aurait trois origines : « *L'élaboration inconsciente de ce fantasme peut être le voyeurisme ou l'exhibitionnisme ; inconsciemment un moyen de vivre un rapport quelque peu homosexuel inavoué ; un moyen de savoir si l'un des partenaires autorise l'autre à le tromper.* »
Les psychologues remarquent ainsi l'existence de « ménages à trois » permettant à l'un des partenaires du couple initial de vivre sa bisexualité. Ce serait l'une des raisons d'inviter de temps à autre un troisième partenaire dans son lit, le genre « ça sort pas de la maison » ! Gageons que le recours à cette solution doit être mûrement réfléchi…

AVEC UNE AUTRE FEMME...

Il apparaît que la décision appartient dans l'immense majorité des cas aux femmes, que ce soit pour des amours impliquant une supériorité en nombre de filles ou une supériorité des garçons. C'est la femme qui « accepte » un homme en plus pour son plaisir ou une fille en plus pour celui de son mari, c'est elle qui affirme son désir de caresses bisexuelles, c'est elle qui donne son feu vert pour une participation à une soirée libertine... Il faut y voir autant la preuve de l'égalité entre hommes et femmes devant la sexualité que la trace d'une forme de machiavélisme masculin. Il s'agit de laisser les filles porter seules le poids de la responsabilité d'un acte auquel les hommes les ont sans doute vivement poussées. Car ce désir, selon les sondages, reste majoritairement masculin, les hommes ont quasiment toujours l'espoir de vivre des situations érotiques hors norme, mais comme ce sont de gros bébés velléitaires, il faut que leur femme/maman les y autorise...
La prise de décision par les femmes tient surtout au fait que ce sont elles qui ont le plus à perdre dans l'aventure en cas d'échec ou de mauvais déroulement des opérations – psychologiquement, socialement, voir physiquement en cas de violence. Elles réfléchissent avant d'agir – elles ! –, elles ont évidemment raison.
Les motivations d'une jeune femme strictement hétérosexuelle qui encourage cette situation sont souvent confuses. Elle veut faire « un cadeau » à son conjoint, mais pas uniquement, à moins que son abnégation relève de la complaisance. Une explication beaucoup plus plausible nous vient à l'esprit : votre femme veut satisfaire l'une de ses envies profondes, le voyeu-

risme ! Vous voir faire l'amour avec une autre satisfera ce fantasme et devrait l'exciter au plus haut point. Vous savez ce qui vous restera à faire : la faire jouir comme jamais ! Si tel est le cas, il faut que la soirée soit organisée, voire mise en scène, en fonction de la réalisation de ce fantasme.

AVEC UN AUTRE HOMME

Pour une femme un peu aventureuse et douée pour la volupté, c'est la combinaison reine. Elle découvrira des trésors nouveaux de plaisir, pour peu que ses deux amants ne soient pas de gros balourds. C'est le défi principal à relever. Les deux garçons, supérieurs en nombre, ne doivent pas se comporter en soudards ou rechercher leur seul plaisir. Il faut au contraire qu'ils aient conscience de faire vivre – et de vivre eux-mêmes – un grand moment de plaisir, qui nécessite de leur part autant de doigté, de douceur...

Mais avant de passer à l'acte, faire l'amour avec deux hommes reste un « fantasme » qu'il faut décrypter comme tel, et non un désir conscient de vivre une situation exceptionnelle. Témoin cet article de Julia Rambal, *Ce que révèlent nos fantasmes,* publié par *Bien dans ma vie*, en août 2005. « *Le fantasme de partenaires multiples assouvit notre désir de dépossession. Nous ne sommes plus dans l'intimité d'un échange, et nos pulsions peuvent s'exprimer en toute liberté. Ce fantasme exprime un désir d'échange sauvage qui nous emporterait loin des conventions. Nous devenons un objet de plaisir sous les mains, les langues et les sexes d'hommes. Nous sommes enfin remplies. Ce fan-*

tasme révèle également notre désir secret d'être tellement désirable que personne ne peut nous résister. » La seule question qui vaille reste : « Faut-il sauter le pas ou non ? » « *Un fantasme a cet avantage : je décide de son scénario... Dans la réalité, mon partenaire ne réagira pas comme je l'avais prévu, nos corps ne bougeront pas comme je l'avais projeté. Donc, à vous de décider. Il vaut mieux éviter de proposer ce plan à votre amoureux régulier : il risque de ne pas du tout aimer l'idée de vous partager...* » Voici, bien résumée, l'opinion couramment admise en matière de fantasmes triolistes féminins : dépossession, échanges sauvages, contrôle de sa sexualité, désir d'être au centre... Faut-il réellement donner corps à un fantasme ? Là est toute la question.

AVEC UN AUTRE COUPLE

La « partie carrée » peut se limiter à un simple échange de partenaire. Il va sans dire que dans l'imaginaire machiste ce sont les garçons qui échangent leurs compagnes. Si l'on en croit les travaux récents d'une philosophe « spécialiste » de l'échangisme, ce serait encore le cas. Mais il faut se méfier de cette idée toute faite. C'est l'un des lieux communs de la sexologie que de continuer à ne voir dans les femmes pratiquant des formes extrêmes de sexualité que de simples victimes. Cette interprétation est d'ailleurs bien plus machiste que la situation qu'elle fait mine de dénoncer.

LES CLUBS

Hélène Barbe, auteur de *Osez l'échangisme*, nous en donne la définition : « *Les clubs échangistes sont les terrains de jeux de personnes à la recherche de partenaires sexuels pour une consommation immédiate. Discothèques ou sauna, ils proposent – en plus des pistes de danse ou des hammams des établissements traditionnels – des espaces séparés aménagés pour faire l'amour confortablement. Ces coins câlins, simplement garnis de matelas, équipés d'accessoires ou décorés, accueillent les ébats de la clientèle.* » Voilà, tout est dit. Un club échangiste est un endroit où l'on peut faire l'amour avec des inconnus sans pour autant courir de risque.
Les clubs échangistes sont fréquentés par des gens de tous les milieux et de tous les âges dès lors qu'ils sont majeurs, mais avec souvent une majorité de quadragénaires, seuls ou en couples. L'ambiance de certaines boîtes est souvent déroutante. Une certaine cocasserie involontaire se dégage même parfois du décor des lieux, très souvent kitsch, des attitudes ou des costumes de certains participants. La journaliste Agnès Giard faisait naguère l'inventaire du pire en affirmant : « *Promiscuité, dancing ringard, clientèle glauque : les boîtes semblent souvent sortir tout droit de la série Derrick ! Mais il arrive parfois qu'on y vive des instants de grâce.* » Pour vivre de pareils moments, la seule règle de bonne conduite à suivre est de respecter le désir de l'autre, de ne jamais prendre d'initiative vis-à-vis de l'objet de son désir sans autorisation préalable de l'intéressé(e) ou de son conjoint !
Ces principes n'ont aucun mal à s'appliquer dans les

boîtes ne recevant que des couples ou restant très sélectifs avec les « hommes seuls ». Malheureusement, pour des raisons financières évidentes, de plus en plus rares sont les établissements se privant de la manne représentée par les mecs esseulés à qui ils font payer le prix fort. Durant les après-midi, leur présence massive peut même être une véritable plaie. Seule une minorité de femmes adeptes du gang-bang peut encore aller fréquenter certaines caves. Il en est de même dans les saunas libertins, avec une nuance supplémentaire : tout le monde y est immédiatement nu, ce qui rend la promiscuité plus sensible encore.
Pourtant, les clubs échangistes ont pour caractéristique de permettre ce que l'on ne se permettrait pas dans la vie courante. Il est ainsi plus sûr – au sens de cette sécurité des biens et des personnes, chère à notre ministre de l'Intérieur – de faire l'amour avec des inconnus dans la pénombre du sous-sol d'un sauna que chez soi ou chez eux. Les boîtes échangistes, c'est du commerce, les partouzes c'est privé ! Un lieu commercial ne peut pas se permettre d'incidents, la sécurité des femmes qui y rentrent et qui s'y livrent est totalement garantie. Nous avons vu des malpolis se faire exclure fermement après qu'une jeune femme se soit simplement plainte d'un geste un peu brusque.

LES DANGERS DE L'ÉCHANGISME

Personne ne vous dira jamais que faire l'amour à trois, quatre ou plus est toujours sans conséquence pour un couple marié. La première serait simplement que vous y preniez goût. N'avoir de plaisir que dans des

circonstances aussi extrêmes risque de compliquer sérieusement votre vie sexuelle. Heureusement, pour les adeptes de l'amour en groupe, dans les boîtes et les saunas échangistes personne ne s'étonnera d'un comportement que la société persiste à trouver hors limites. Personne ne vous jugera et c'est l'essentiel. La fréquentation des établissements libertins n'a pas le même intérêt qu'une aventure érotique plus privée. Pourtant les boîtes garantissent votre anonymat.
Alors que ! Qui pourrait vous assurer qu'aucun des trois garçons que vous avez attirés un soir dans votre lit ne parlera jamais à ses copains de vos prouesses, au risque de malmener votre réputation dans le quartier. Méfiance donc ! En particulier si votre soirée implique des inconnus. Comme le disait l'un de nos témoins, « *les inconvénients de l'amour à trois sont les mêmes que ceux de l'amour à deux, en pire !* »
Nous voudrions surtout vous mettre en garde une fois de plus contre les MST ou le SIDA. Les risques sont plus importants et s'accroissent au rythme de l'augmentation du nombre de partenaires. Il faut se tenir sur ses gardes et c'est particulièrement important de le rappeler à des couples mariés qui ont vraisemblablement oublié depuis longtemps l'usage du préservatif. Alors soyons clair, le préservatif est indispensable dès lors qu'intervient un nouveau partenaire, fille ou garçon.

« Votre couple y survivra-t-il ? » est la seule question qui mérite reflexion…
L'échangisme, au même titre que l'adultère, est un jeu dangereux, qui a ses règles, la principale étant que le désir de s'y laisser aller soit partagé, absolument et

fermement partagé par les deux membres de ce club privé aux règles strictes, votre mariage.

Adultère

Depuis la promulgation de la loi du 11 juillet 1975, l'adultère n'est plus puni par la loi. Rappelons-nous que les femmes mariées surprises avec un amant pouvaient se retrouver en prison au XIXe siècle : ce fut le cas de l'une des maîtresses de Victor Hugo. Jusqu'en 1975, l'adultère restait l'une des causes principales de divorce, voire la seule pour qu'il soit automatiquement concédé à la personne bafouée. Aujourd'hui c'est tout au plus une circonstance parmi d'autres qui explique un divorce et permet d'établir les « fautes » de l'un ou l'autre des ex-conjoints.
Il n'empêche, être trompé reste l'un des grands traumatismes d'une vie de couple. La cause quasi certaine d'une rupture, puisque aujourd'hui il est acquis qu'un couple se sépare dès lors que l'image de perfection, d'harmonie absolue qui a participé à sa création est un brin écornée. Les mariés d'aujourd'hui sont par nature plus exigeants envers leurs partenaires que les mariés d'hier, simplement parce qu'ils ont le choix, et que se marier – justement – est l'expression d'un choix, parmi d'autres, et non l'effet d'une contrainte ou d'une soumission à une règle sociale, voire à la pression de ses parents.

Les coups de canifs dans le contrat ont donc bizarrement plus d'importance aujourd'hui, en ce temps de liberté sexuelle revendiquée.

C'est simple, mais il faut le savoir !
Il apparaît cependant difficile de considérer la fidélité comme une sorte de nouvelle règle absolue, au nom du fait qu'ayant d'autres choix que le mariage, la fidélité conjugale devient une sorte de nouvelle norme, partie prenante de la liberté sexuelle. C'est d'autant plus inenvisageable que les faits sont là. Un sondage effectué au début de l'année 2009 par la Sofres pour le compte des éditions du Fleuve Noir évaluait le nombre des Français ayant été infidèles au cours des douze derniers mois à 14 % (18 % d'hommes et 10 % de femmes). L'adultère a la vie dure. Dans une interview donnée au site *Au Féminin*, le psychologue Willy Pasini, auteur d'un livre faisant référence en la matière[1], détaillait la situation. « *Les comportements tendent à se rapprocher. Les femmes qui ont, au moins une fois dans leur vie, cédé à l'infidélité, sont beaucoup plus nombreuses qu'avant. Selon toutes les études consacrées à la question, elles ont dépassé les 50 %, (c'est 70 à 80 % chez les hommes !). En revanche, les femmes préfèrent les liaisons clandestines stables, tandis que les hommes recherchent avant tout du sexe. Évidemment, il existe des femmes mangeuses d'hommes, mais elles ne sont que 10 %...* » Autant dire que prêcher pour un retour à la fidélité au nom des valeurs implicites du « nouveau mariage » aurait de quoi faire rigoler dans les chaumières, et par-

1. Willy Pasini et Jacqueline Henry, *Les Amours infidèles*, Odile Jacob, 2008.

ticulièrement chez les lecteurs de notre collection qui ne se sont pas déplacés pour ça…

L'ADULTÈRE, MAIS POUR QUOI FAIRE ?

Dieu que cette question semble stupide, tant la réponse est évidente en apparence : pour faire l'amour avec un ou une autre, évidemment ! Découvrir un autre corps – chaque poitrine, chaque sexe a sa personnalité –, d'autres gestes, rompre la monotonie, s'amuser un peu, mais aussi plus sûrement retrouver les charmes particuliers de la séduction, se retrouver belle ou beau dans le regard neuf d'un nouveau partenaire…
Oui, mais réitérons la question, pour quoi faire, au bout du compte ?
Les trois grands cas de figure appellent trois attitudes différentes à l'égard de votre conjoint. Les trois raisons sont connues… On prend une maîtresse ou un amant pour…

Pour faire l'amour, simplement

Faire l'amour avec une personne différente, une fois ou quelques jours, pour changer… Sans que cela n'ait aucune signification quant à « l'amour » porté à son mari ou à sa femme… Willy Pasini a toutes les complaisances du monde à l'égard de cette attitude : « *Dans certaines relations, l'amant ou la maîtresse est même nécessaire, car il (ou elle) rééquilibre le couple. Par exemple, si une femme aime son mari mais s'ennuie au lit avec lui, l'amant fera alors office de soupape de*

sécurité pour le couple, et permettra aux conjoints de rester ensemble pour les sentiments, les enfants. »
Pour reprendre une expression du psychologue, « *la plupart des infidélités sont sans importance* ». Le petit coup vite fait avec le beau stagiaire, ou la soirée passée avec une collègue de bureau lors d'un séminaire en province, n'ont guère d'importance en effet. Ne les avouez surtout pas ! Je répète : ne les avouez surtout jamais ! Vous risquez de gâcher votre vie pour bien plus longtemps que ne durera le souvenir de ces instants d'abandon et de plaisir.
Ces moments de plaisir différents devront au contraire vous servir pour revivifier votre sexualité avec votre petit mari ou votre petite femme. Les lits d'amour sont des salles de classe où il y a toujours quelque chose à apprendre. Autant en faire profiter vos « réguliers », sans leur dire évidemment où vous avez découvert les joies de la « patte d'araignée » ou de « l'amour à la campagnarde »…
Alors n'avouez jamais ! Toujours selon Pasini, « *L'aveu et la découverte ne sont jamais utiles au couple, bien au contraire. Si l'aveu permet d'atténuer la culpabilité du trompeur, il n'améliore en rien l'atmosphère au sein du couple. Donc si on décide de tromper son partenaire, on le fait en cachette, en prenant bien soin de cacher tous les indices qui pourraient révéler la trahison…* »

Pour envoyer un message…

Vous avez aussi décidé, peut-être inconsciemment, de punir – momentanément – votre conjoint, qui vous abandonne, qui ne vous fait plus jouir, que vous soup-

çonnez lui-même d'infidélité... C'est souvent la raison non avouée d'infidélités dont le moins qu'on puisse dire c'est qu'elles risquent de se révéler très insatisfaisantes.
Cette forme d'infidélité est la plupart du temps inutile et destructrice. Plutôt que de vous taper le premier venu, mieux vaut jouer cartes sur table avec votre mari, Madame, et ce qui est bon pour vous est bon pour lui. Willy Pasini l'affirme : « *Il ne faut pas hésiter à faire part de ses doutes, ou de sa jalousie. Cela permet parfois de dénouer un conflit.* »
Et si malgré tout vous tombez dans le lit du voisin – en espérant qu'il soit mignon, doué et bien membré, au moins ! – eh bien oubliez-le vite et n'avouez jamais. C'est une erreur, elle ne doit pas avoir de conséquences. Ce qui est valable pour les femmes l'est aussi pour leurs maris.

Pour changer de vie

Le dernier cas mérite le plus d'attention, de prudence, de réflexion... Votre amant, votre maîtresse, peut se révéler précisément cette personne idéale que vous croyiez avoir déjà trouvée en vous mariant...
Il y a du divorce dans l'air, et peut-être même du remariage. C'est banal mais ô combien douloureux. Il faudra bien « avouer » un jour, mais quand et de quelle manière? Tout devient affaire de stratégie. Vous avez beaucoup à perdre... Peut-être d'ailleurs vaudrait-il mieux engager le processus de séparation en évitant de le motiver par votre propre infidélité... ce serait plus sage, à tous points de vue.

Il reste pourtant un dernier type d'adultère qui ne rentre dans aucune catégorie. L'adultère admis et consenti… Quelques couples se « permettent » des droits de sortie, se donnent l'autorisation mutuelle d'aller « voir ailleurs » quelques temps, à condition de revenir au bercail et que le troisième larron ou la troisième larrone ne soit qu'une passade. Simone de Beauvoir et Jean-Paul Sartre so nt l'exemple le plus célèbre de ces couples particuliers. Le dialogue, qui constitue répétons-le la base de toute vie de couple, est plus que jamais nécessaire, sans aller jusqu'à l'établissement de contrats précisant les règles à suivre… Encore que ! Catherine Millot, la pétulante Catherine M, à la vie sexuelle agitée, fut pourtant jalouse de son mari lorsqu'elle découvrit qu'il avait amené l'une de ses maîtresses dans le lit conjugal.
La question principale étant de savoir si les deux personnes composant le couple sont réellement d'accord pour la mise en œuvre de cette situation ou si l'une d'entre elles n'est pas victime d'une manipulation ou d'une forme de chantage affectif.

Nous étions sur le point d'évoquer des drames, ceux de la séparation, de la perte de la garde de ses enfants, des conséquences économiques des choix de vie, etc. Restons-en plutôt à cette formule définitive de Willy Pasini : « *Il faut dédramatiser l'adultère. Le véritable danger pour le couple, ce n'est pas la tromperie, c'est l'ennui !* »

Ce qui était d'ailleurs le principal propos de ce livre.

l'Amour sans fin...

Les quelques recettes qui précèdent ne garantissent pas à coup sûr que votre mariage sera parfait, mais elles devraient vous aider à faire un peu le ménage dans vos priorités, de manière à laisser de la place pour que puisse se développer une belle entente sexuelle torride et durable entre vous deux.

- Organiser son espace pour se créer un nid d'amour
- Se préserver de son environnement familial et professionnel
- Organiser son temps pour se préserver des moments câlins
- Organiser des rendez-vous galants
- Faire l'amour au quotidien, de mieux en mieux

- Se livrer à de grandes aventures sensuelles, ensemble
- Rester toujours « aimables »

Mais pour quoi faire ?
La vie est bien courte, faut-il se contenter d'une seule aventure, d'un seul partenaire, d'un seul amour, même parfait ? Vous le saurez toujours assez tôt. Pour l'instant, vivez chaque nuit de votre mariage comme si'l devait durer toujours…

Et gare… À force d'être séduisants, pour soi et pour l'autre, et visiblement très épanouis sexuellement, on finit par devenir une proie pour le reste de l'humanité… Ce sont les gentils amoureux des mariages heureux qui attirent les prédateurs et les prédatrices, bien tenté(e)s de découvrir ce que dissimulent leurs sourires béats de satisfaction.

C'est un risque, mais c'est aussi une garantie. Avouez-le, si votre femme ou votre mari cessaient de plaire vous finiriez par vous demander si vous avez réellement bon goût !

Un doute qui lui aussi pourrait vite s'avérer « tue l'amour ».

Achevé d'imprimer en Espagne par Sagrafic
Dépôt légal : mars 2010